教育科研新技术、新素养、新实践丛书

农产品云仓模式研究

——以北京农产品流通物流供应链重构为例

武晓钊　王成林　王春娟　付丽茹　胡丽霞　张慧　张雅迪　著

中国水利水电出版社
www.waterpub.com.cn
·北京·

内 容 提 要

本书结合北京市物流体系规划，通过对北京市农产品流通模式进行典型案例调研，介绍主要农产品交易流通市场的运营模式，重点介绍北京农产品贸易市场、连锁商超、电商平台的物流运营情况，分析物流配送体系如何支撑农产品流通业务高效运作。本书旨在说明在数字化经济时代，农产品流通的数字化、物流配送云仓模式的改革创新是未来农产品流通的新模式。

本书共分 6 章，分别介绍北京市农产品流通现状、北京市农产品物流发展现状、北京市重点服务区域物流现状，详细介绍海淀区、通州区重点农产品流通企业，提出要利用云平台、大数据和物联网等先进技术的云仓模式来为农产品的流通提供物流供应链服务。

本书可作为城乡农产品流通企业管理运营人员和大中专院校农产品贸易流通相关专业师生的参考书。

图书在版编目（CIP）数据

农产品云仓模式研究 ：以北京农产品流通物流供应
链重构为例 / 武晓钊等著. -- 北京 ：中国水利水电出
版社，2022.6
（教育科研新技术、新素养、新实践丛书）
ISBN 978-7-5226-0703-0

Ⅰ．①农… Ⅱ．①武… Ⅲ．①农产品流通－供应链管
理－研究－北京 Ⅳ．①F724.72

中国版本图书馆CIP数据核字（2022）第081349号

策划编辑：周益丹　责任编辑：高辉　加工编辑：刘瑜　封面设计：梁燕

书　　名	教育科研新技术、新素养、新实践丛书 农产品云仓模式研究 ——以北京农产品流通物流供应链重构为例 NONGCHANPIN YUNCANG MOSHI YANJIU ——YI BEIJING NONGCHANPIN LIUTONG WULIU GONGYINGLIAN CHONGGOU WEILI
作　　者	武晓钊　王成林　王春娟　付丽茹　胡丽霞　张慧　张雅迪　著
出版发行	中国水利水电出版社 （北京市海淀区玉渊潭南路 1 号 D 座　100038） 网址：www.waterpub.com.cn E-mail：mchannel@263.net（万水） 　　　　sales@mwr.gov.cn 电话：（010）68545888（营销中心）、82562819（万水）
经　　售	北京科水图书销售有限公司 电话：（010）68545874、63202643 全国各地新华书店和相关出版物销售网点
排　　版	北京万水电子信息有限公司
印　　刷	三河市华晨印务有限公司
规　　格	170mm×240mm　16 开本　14 印张　259 千字
版　　次	2022 年 6 月第 1 版　2022 年 6 月第 1 次印刷
定　　价	72.00 元

前　言

2020 年，国家发改委《关于进一步优化发展环境促进生鲜农产品流通的实施意见》（发改经贸〔2020〕809 号）、农业农村部《关于加快农产品仓储保鲜冷链设施建设的实施意见》（农市发〔2020〕2 号）等国家政策相继出台，标志着我国生鲜农产品冷链物流体系建设工程已进入决战攻坚战略阶段。依托云计算和大数据平台的云仓模式在农产品流通方面的应用也逐渐进入研究和实践阶段。基于云技术，依托社会化仓储运输资源，构建全国性仓网体系，执行全网统一的运营标准，为生产企业和流通企业提供"云端"的仓配一体化服务，即云仓。云仓是合同仓储，是独立于商家和物流的第三方平台，尤其是在农产品电商方面，云仓可以更有效地协助仓储管理、发货以及售后等工作。而卖家只需要专注于店铺的销售和运营，扩大店铺的销售业绩。云仓公司配备了仓储方面的专业人才和先进的仓储管理系统，二者互相配合，可以保障发货准确率。

从本质上看，云仓是农产品生产企业、个体商家和专业仓储之间建立的伙伴关系。农产品流通关系到国计民生，我国生鲜农产品流通过程中，流通体制、公共设施投入、批发市场运营机制、冷链物流体系建设、价格形成等方面都需要优化和升级。数字化时代，要通过对农产品流通的改革和创新来解决农产品生产流通领域的问题，以带动农业生产流通现代化建设，实现扩大内需，服务三农，乡村振兴。

本书是由北京财贸职业学院物流管理创新团队承接的首批国家级职业教育教师教学创新团队实践课题"云仓模式研究"的课题组负责人武晓钊主笔，并在北京物资学院王成林教授、北京财贸职业学院商业研究所赖阳教授和王春娟副教授就农产品物流园的规划调研以及北京通州八里桥市场调研的基础上编写而成的。

本书结合全国职教冷链物流联盟的调研，对国内几个典型的农产品流通企业和典型的云仓企业，如中交智运有限公司、中安华典数据（农产品生产基地）安全公司、绿富隆农业有限公司、北京金文天地公司、中盛农业开发公司、北京中安云仓科技有限公司进行了调研；对农产品的流通模式进行了典型案例分析，介绍了主要农产品交易流通市场的运营模式；结合北京市物流体系的规划重点介绍了北京农产品市场的物流运营模式。最终，得出在数字化经济时代，农产品流通云仓物流配送模式是大势所趋的结论。在此，对被调研企业热情接待的领导和工作人员表示衷心的感谢，对为本书编写提供宝贵建议的同行也一并致谢。

本书中用到的批发市场的数据源自各个批发市场网站发布的数据、统计数据源自北京市统计局网站的统计数据。

由于作者水平有限，本书难免存在一些问题，欢迎读者提出宝贵意见。

作　者

2022 年 4 月

目　　录

第 1 章　北京市农产品流通现状研究

1.1　北京市农产品生产与流通现状分析

北京市是农产品消费特大城市，北京市农产品市场整体特点是需求巨大，农产品自给率偏低，对外依存度高。

1.1.1　北京市自产农产品情况

北京市总面积为 16410 平方公里，农作物总播种面积为 1209.4 平方公里。北京市通州、密云、怀柔、大兴、顺义、延庆、平谷、门头沟、房山等区县都有各具特色的农产品产地，其生产的农产品大部分在市内销售，有一部分出口，也有一部分被河北和天津的菜商收购，销往外地。但自销部分占全市消费需求的比重很小。北京市 2013—2019 年自产农产品情况一览表见表 1-1。

表 1-1　北京市 2013—2019 年自产农产品情况一览表

项目	2013 年	2014 年	2015 年	2016 年	2017 年	2018 年	2019 年
农林牧渔业总产值/亿元	421.8	420.1	368.2	338.1	308.3	296.8	281.7
其中：农业/亿元	170.4	155.1	154.5	145.2	129.8	114.7	102.3
农副产品产量							
其中：粮食/万吨	96.1	63.9	62.6	53.7	41.1	34.1	28.8
蔬菜及食用菌/万吨	266.9	236.2	205.1	183.6	156.8	130.6	111.5
鲜蛋/万吨	17.5	19.6	19.6	18.3	15.7	11.2	9.6
牛奶/万吨	61.5	59.5	57.2	45.7	37.4	31.1	26.4
水产品/万吨	6.4	6.8	6.6	5.4	4.5	3.0	3.0
干鲜果品/万吨	79.5	74.5	71.4	66.1	61.1	49.9	48.9
肉类/万吨	41.8	39.3	36.4	30.4	26.4	17.5	5.1

从表 1-1 可以看出，北京市的自产农产品产量呈现逐年下降的趋势，且是一个长期的趋势。

1.1.2　北京市农产品的需求

在北京主要农产品产量逐年下降的同时，北京市常住人口数呈逐年递增趋势，见表1-2。

表1-2　北京市2013—2018年常住人口数量表　　　　单位：万人

年份	2013年	2014年	2015年	2016年	2017年	2018年	2019年
人数	2114.8	2151.6	2170.5	2172.9	2170.7	2154.2	2153.6

人口的递增必然会带来农产品消费量的增加。以2019年为例，北京市农产品批发和零售发展规模非常大。当年的粮油、食品类商品销售总额为38548386万元，其中批发销售额为30273836万元，零售销售额为8274550万元；粮油类商品销售总额为14340294万元，其中批发销售额为13271929万元，零售销售额为1068365万元；肉禽蛋类商品销售总额为5242024万元，其中批发销售额为4020123万元，零售销售额为1221901万元。

随着北京市人口的不断增加、市内自产农产品数量的降低，农产品消费量和自产量之间的差额越来越大，因此外地进京的农产品数量在不断地加大，并且需求量与日俱增。

1.1.3　北京市农产品流通体系情况

农产品流通是连接农民生产和市民消费的桥梁。目前，参与农产品流通的主体主要有农户、产地批发商、加工生产商、各类合作经济组织、农产品贩销公司、农产品批发市场、农贸市场、菜市场、超市。传统的流通渠道模式主要有"农户—批发市场—零售市场—用户"模式、"农户—农贸市场—用户"模式、"农户—超市—用户"模式、"农户—总采购商—酒店（餐厅）"模式、"农户—电商平台—用户"模式。

北京已经形成了以新发地、岳各庄、大洋路、通州八里桥、昌平水屯和顺义石门、北京农产品中央批发市场（计划迁到黑庄户冷链物流配送中心）等七大农副产品批发市场为主渠道的农产品流通体系，居民消费的绝大部分农产品都通过农产品批发市场进入北京。但是随着经济的发展，北京市农产品流通的多元化格局也在渐渐形成，其他新型流通模式（如农超对接、农产品基地进社区、网络零售等）发展迅速，弱化了农产品批发市场的集散功能。

零售方面，目前有多个渠道，如超市、农贸市场、社区直通车、蔬果连锁店、直营店、网店等。

市场供应保障调控体系不断深化，近年来，北京致力于加强生活必需品保障体系建设，丰富市民"菜篮子"，在推进蔬菜零售网点建设的同时，着力发展农产品电子商务市场，促使一些国内知名的农产品电商企业涌现出来；发挥区域协同优势，促进京津冀农产品流通协同创新发展，建立协同政策支撑体系；完善政府储备管理，增加储备规模，使蔬菜储备总量应急供应天数不低于 5～7 天，达到商务部等国家四部委对蔬菜政府储备的要求。

1.2 北京市农产品批发市场发展现状及问题分析

1.2.1 北京市农产品批发市场现状

本次调研重点选取了北京核心农产品批发市场以及代表性重点区域农产品批发市场，通过高层访谈和实地调研相结合的方式，对生鲜流通现状及趋势、目前存在的问题和发展瓶颈等进行了详细的调研。

1. 新发地农产品批发市场

新发地农产品批发市场于 1988 年成立，主要承接超市、高校食堂及连锁餐饮的直接配送，以及其他市场的蔬菜供应，目前正在升级改造中。市场占地 1680 亩，固定商户 4000 多家。以蔬菜、果品批发为龙头，日吞吐蔬菜和果品各 1.6 万吨以上，以肉类、粮油、菌类、水产等农副产品综合批发为补充。2016 年交易量 1550 万吨、交易额 721 亿元，其中年蔬菜交易量 691 万吨，年水果交易量 763 万吨。

新发地发展现状如下所述。

（1）市场土地性质情况。市场占地 1680 亩，其中蔬菜交易区 587 亩，水果交易区 833 亩。未来建设蔬菜综合交易楼的 229 亩地为商业用地（批发市场），未来将设 12 万吨冷库的 260 亩地为仓储用地，未来建设果品综合交易楼的 181 亩地为村集体产业用地。

（2）市场农产品来源与运输方式。新发地市场来货农产品主要依靠公路运输，主要来源于农产品产地，其中蔬菜 20%左右来自河北、18%来自山东、8.5%来自东三省，除此之外来自云南、海南、内蒙古、广西、甘肃等地区；水果 13%来自广东、12%来自河北、11%来自山东、9%来自海南、7%来自湖南湖北，除此之外来自东三省、新疆、江西等地区。2016 年新发地市场蔬菜来源分布比例如图 1-1 所示。

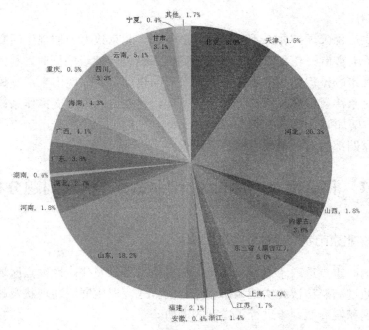

图 1-1　2016 年新发地市场蔬菜来源分布比例

新发地市场还在全国农产品主产区建设了 10 家分市场和 200 多万亩基地。其中在河北农产品主产区有 28 个基地，近 80 万亩。10 个分市场分布及供货情况一览表见表 1-3，部分基地分布及供货情况一览表见表 1-4。

表 1-3　10 个分市场分布及供货情况一览表

序号	基地或分市场	种植或经营品种
1	湖北（襄阳）新发地	农产品
2	海南（琼海）新发地	农产品
3	内蒙古（赤峰）新发地	农产品
4	甘肃（武威）新发地	农产品
5	河南（长垣）新发地	农产品
6	河北（高碑店）新发地	农产品
7	安徽（蒙城）新发地	农产品
8	山西（大同）新发地	农产品
9	山东（招远）新发地	农产品
10	安徽（亳州）新发地	农产品

表 1-4　部分基地分布及供货情况一览表

序号	基地名称	地址
1	北京新发地固安蔬菜基地	河北廊坊市固安县
2	北京新发地肃宁供应基地	河北沧州市肃宁县
3	北京新发地市场张北县供应基地	河北张家口市张北县
4	北京新发地丰南区供应基地	河北丰南区南孙庄乡
5	北京新发地定兴县蔬菜供应基地	河北保定市定兴县
6	北京新发地丰宁县蔬菜供应基地	河北承德市丰宁县
7	北京新发地滦平县供应基地	河北滦平县大屯乡
8	北京新发地赤城县供应基地	河北赤城县样田乡
9	北京新发地永清县供应基地	河北永清县大青沟
10	北京新发地市场玉田县供应基地	河北唐山市玉田县

（3）市场农产品供应情况。据调研数据显示，北京年消费蔬菜约 730 万吨，其他区级市场年供应北京蔬菜约 296 万吨，除此之外北京蔬菜消费主要是由新发地供应，因此，可以估算新发地供应北京蔬菜消费约 434 万吨，占北京市 60%左右的蔬菜消费量。2016 年新发地蔬菜来源及交易规模情况一览表见表 1-5，2016年新发地水果来源及交易规模情况一览表见表 1-6。

表 1-5　2016 年新发地蔬菜来源及交易规模情况一览表

蔬菜产地	产量/万公斤	百分比/%	主要产品及上市时间
北京	55275	8.0	各种水菜（全年），菜花、芹菜、茄子、西红柿（春秋季）、冬瓜（夏季）
天津	10364	1.5	豆角（秋季）、芹菜（冬季）、韭菜、白菜（春季）
河北省	140261	20.3	大白菜、茄子、西红柿、生菜、冬瓜、芹菜、大葱、土豆、莴笋（全年）
山西省	12437	1.8	金丝南瓜（秋冬季）、尖椒、柿子椒、圆白菜、莴笋、西红柿（夏秋季）
内蒙古	24874	3.6	土豆、胡萝卜、西红柿（秋冬季）、黄瓜（冬季）
东三省（黑吉辽）	60803	8.8	黄瓜、西红柿、长茄（冬季）、豆角、尖椒（夏秋季）
上海市	6909	1.0	菜花、油菜、菊花菜、大葱（冬春季）

续表

蔬菜产地	产量/万公斤	百分比/%	主要产品及上市时间
江苏省	11746	1.7	菜花（秋冬季）、蒜薹（春夏季）
浙江省	9673	1.4	菜花、西兰花、大葱（冬春季）
安徽省	2764	0.4	洋白菜、菜花（春季）、毛豆、大葱（夏季）
福建	14510	2.1	大葱（冬春季）、花生、毛豆（夏秋季）
山东	125751	18.2	生姜、大葱、大蒜、蒜苗（全年）、菠菜、莴笋、黄瓜、西红柿（春、秋冬季）
河南	12437	1.8	菜花（秋季）、胡萝卜（秋冬季）、洋白菜（春秋季）
湖北	18655	2.7	菜花、白萝卜、洋白菜（秋冬季）
湖南	2764	0.4	南瓜（夏秋季）
广东	26256	3.8	尖椒、柿子椒、豆角、冬瓜（冬春季）、鲜食玉米、花生、毛豆（春夏季）
广西	28329	4.1	冬瓜、南瓜、西葫芦、架豆、圣女果（冬春季）
海南	29710	4.3	尖椒、柿子椒、扁豆、豆王、圣女果（冬春季）
重庆	3455	0.5	榨菜、棒菜（冬春季）
四川	22801	3.3	白萝卜、豆角、莴笋、菜花、豌豆（冬春季）、毛豆（夏秋季）
云南	35238	5.1	洋白菜、菜花、豆王、架豆（冬春季）、土豆、洋葱（夏季）
甘肃	21419	3.1	土豆、洋葱（秋冬春季）、圆茄（冬季）
宁夏	2764	0.4	土豆（秋冬季）
其他 新疆、西藏、青海、陕西、江西、贵州	11746	1.7	圣女果（12—3月）、土豆（8—10月）、竹笋（10—5月）
总量	690940.5	100.0	

表 1-6　2016 年新发地水果来源及交易规模情况一览表

产地	产量 /万公斤	占总数 比例/%	主要产品及上市时间
北京	15263	2.00	大桃（6—9月）、栗子（10—4月）、柿子（10—1月）、西瓜（6—7月）、梨（10—3月）
河北省	91579	12.00	苹果（9—6月）、梨（全年）、西瓜（5—8月）、草莓（12—5月）、甜瓜（5—10月）、葡萄（6—12月）

续表

产地	产量/万公斤	占总数比例/%	主要产品及上市时间
山西省	30526	4.00	苹果（6—1月）、黄河滩枣、蜜柿、山楂（10—12月）
内蒙古	15263	2.00	哈密瓜（7—10月）、伽师瓜（7—11月）、西瓜（8—9月）
东三省	41974	5.50	苹果、葡萄（8—3月）、西瓜（8—10月）、甜瓜（1—8月）、草莓（12—3月）
浙江省	15263	2.00	胡柚（11—5月）、芦柑（12—5月）、葡萄（7—9月）、草莓（11—2月）、橘子（10—12月）
福建	22895	3.00	蜜柚（7—2月）、枇杷（4—6月）、
江西	38158	5.00	赣南脐橙（10—5月）、南丰蜜橘（10—3月）、蜜橘（9—12月）
山东	83947	11.00	苹果（9—8月）、草莓（1—5月）、樱桃（4—7月）、西瓜（4—6月）、大桃（7—8月）、板栗（10—4月）、甜瓜（6—10月）
湖北，湖南	53421	7.00	脐橙（11—4月）、蜜橘（8—12月）、芦柑（1—3月）、桃（7—8月）
广东	99211	13.00	香蕉（3—4月）、沙糖橘（11—3月）、广柑（11—2月）、菠萝（11—5月）、荔枝（5—7月）、西瓜（11—1月）
广西	45790	6.00	香蕉（10—2月）、沙糖橘（11—3月）、小金橘（10—4月）、芒果（7—9月）、柿饼（11—2月）、西瓜（10—11月）
海南	68684	9.00	西瓜、哈密瓜（12—5月）、芒果（12—6月）、香蕉（3—8月）、菠萝（2—8月）、木瓜（全年）、荔枝（5—7月）
四川	22895	3.00	脐橙（11—3月）、红橘（11—2月）、芒果（8—10月）、蜜橘（10—11月）、草莓（11—2月）
云南	38158	5.00	香蕉（12—2月）、雪莲果（10—4月）、橘子（8—10月）、西瓜（1—5月初）、葡萄（7—9月）
陕西	15263	2.00	苹果（6—3月）、猕猴桃（7—4月）、橘子（11—12月）、桃（7—8月）、葡萄（10—12月）
甘肃	15263	2.00	苹果（9—7月）、人参果（全年）
新疆	30526	4.00	哈密瓜（7—12月）、苹果（10—3月）、伽师瓜（10—12月）、葡萄（7—12月）、香梨（9—6月）
其他宁夏、安徽、天津、江苏、上海、河南	19079	2.50	西砂瓜（8—9月）、砀山梨（1—2月）、葡萄（7—10月）、草莓（1—2月）、桃、西瓜
总量	763158.6	100.00	

（4）市场交易模式。以"现金、现货、现场"的露天交易模式为主，非现货交易规模较少，但逐年上升。目前市场非现货交易主要有商户电商交易和市场电子交易中心交易两种模式。2016 年 B2B 农产品现货挂牌交易平台全年实现交易量136.5 万吨，与去年同比上涨 5%；交易额 11 亿元，同比增幅 10%。截至 2016 年12 月 31 日，交易会员 712 家，其中会员单位包括新发地经销商 395 家、新发地配送商户 113 家、外地合作社和基地 96 家、超市 12 家、餐饮企业 96 家以及其他全国各省市的农业企业。新发地官方旗舰店网上商城主要以京东平台为主，1 号店为辅，2016 年订单总量 138320 单，同比增长 12%，全年总交易额约 960 万元，同比增长 20%。

（5）市场商户结构。市场目前固定商户 4000 多家。2016 年年交易额亿元以上的商户 50 多家，占市场规定商户总数的 1.25%；年交易额千万元以上的商户 1000多家，占市场规定商户总数的 25%。市场商户结构情况见表 1-7。

表 1-7　市场商户结构情况

年交易额	商户数
亿元以上	50 多家
千万元以上	1000 多家

（6）疏解工作进展。围绕农产品交易的核心功能，新发地村对低端业态以及与农产品交易无关的行业进行整治和疏解。

1）日常整治占道经营、游商推车、无照经营 508 个，无证餐饮 129 家。

2）清理拆除群租房 253 间；腾退地下空间房屋 236 间；拆除 26 个出租大院，清理整顿 10 处产业单位用地，共拆除违法建设 24910 平方米；拆除建筑面积 6000多平方米的打井队出租院。

3）清退汉龙 40 亩地地上低端产业，拆除低端建筑 20000 平方米，疏解 49家商户，腾退土地还绿。拆除市场冰鲜区 344 间房，占地 6000 平方米，建筑面积4100 平方米，清退京城亚联汽车装饰城 355 家商户。

4）取缔汉龙中心北路货运市场无照经营 6 家，无照餐饮 3 家，异地经营物流11 家，非法建设冷库 1 家，共拆除面积 12000 平方米，腾退 3 万平方米土地，已实施绿化。

5）通过"扶大、扶优、扶强"，已由原来的 8000 多家商户缩减到现在 4086 家。

2016 年新发地村在疏解工作中共拆除建筑 67010 平方米，疏解流动人口 12000人，回流 4000 人，实际疏解流动人口 8000 人（根据 2016 年 10 月底区统计局统计数据）。

（7）转型升级进展。

1）在北京市区内开设 150 多家便民菜店和 300 多辆便民直通车。

2）不断推进电子交易平台发展建设。在京东、1 号店、天猫等电商平台开设新发地市场旗舰店，全年订单总量 2 万多单；新发地生鲜网发展 C 端机关团体用户 80 多家，累计提供食材 1.3 万吨；开设新发地珍品荟"来颗桃"品牌连锁超市，开展线上、线下 O2O 模式。

3）试点运行"进门收费"为"场内收费"。市场目前进门收费的模式将逐步改变，由原来"三步"变"一步"；由"场外收费"变"场内收费"；由原来的"5 分钟"入场变"2 分钟"入场。目前在新发地三农门试点运行。

4）划定"净菜"展示、交易区，培育"净菜"大型商户，推广"半净菜""净菜"进京。

2. 重点区域农产品批发市场

本次调研重点选取了北京朝阳大洋路、通州八里桥、顺鑫石门、岳各庄、昌平水屯、怀柔万星、密云华远共 7 个代表性重点区域农产品批发市场，通过高层访谈和实地调研相结合的方式，对生鲜流通现状及趋势、目前存在的问题和发展瓶颈等进行了详细的调研。重点区域农产品批发市场情况见表 1-8。

表 1-8　重点区域农产品批发市场情况

市场名称	现状	来源	供应
朝阳大洋路	占地 600 亩，建筑面积 39 万平方米，年交易量 330 万吨以上，交易额 335 亿元以上，蔬菜、鲜肉类、蛋品类、海鲜水产交易量位于北京前列。配送企业约 300 家，部分承担净菜入市加工功能，年配送额超百亿元，占市场总成交额的一半	10% 来自新发地，90% 来自产地。产地包括北京、天津、河北、河南、山东及长江以南地区	北京东半部城区社区、超市、机关、学校以及驻京部队，零售商贩和规模性配送量各占 50%
通州八里桥	建筑面积 20 万平方米，2800 个室内摊位，800 个大棚摊位，未来计划搬迁至潞县	蔬菜夏季来自外地，冬季 70% 外地，少量新发地；猪肉主要来自北京；鱼主要来自大洋路	北京东部地区 200 万人口的生活必需品的供应，主要包括通州农贸市场、朝阳东部双桥、社区菜市场、所有行政机关

续表

市场名称	现状	来源	供应
顺鑫石门	占地 1000 亩,建筑面积 15 万平方米,商户 2000 多家。调料单体交易面积最大,香蕉、淡水鱼、鸡蛋、猪肉交易量位列北京前列	主要以产地为主	北京北部、朝阳、三河、河北、东三省
岳各庄	占地 5 万平方米,建筑面积 12 万平方米,年交易量 112 万吨、交易额 110 亿元	90%来自新发地,其余来自产地或本地	辐射所在区及周边,除供应社区外,主要服务北京市宾馆、饭店、机关团体、部队等
昌平水屯	占地 400 多亩,总投资 5000 余万元,建筑面积 1.9 万平方米,计划疏解 10 公里左右的区域	60%来自新发地,其余来自产地或本地	主要满足昌平区需求
怀柔万星	占地 12 万,综合批发市场	50%来自新发地,其余来自产地或本地	主要满足怀柔区需求
密云华远	占地面积 10 万平方米,综合批发市场	蔬菜大多来自新发地;米面油大多来自锦绣大地	主要满足密云区需求

据统计年鉴的数据,北京市 2019 年共有 483 个商品交易市场,其中综合市场 251 个,专业市场 232 个。综合市场中农产品综合市场 159 个,占比约 63.3%,在综合批发市场整体数量中占的比重最大。专业市场中农产品专业市场 37 个,占比约 15.9%。整体来看,农产品综合市场的数量最多。北京市 2019 年农产品专业市场的基本情况见表 1-9。

表 1-9 北京市 2019 年农产品专业市场的基本情况

项目	市场数量/个	出租摊位数/个	营业面积/万平方米	成交额/亿元
农产品市场	37	6697	80.1	349.4
粮油市场	1	52	0.1	0.1
肉禽蛋市场	4	928	2.9	3.5
水产品市场	6	2180	15.1	102.2
蔬菜市场	16	2533	36.5	230.9
干鲜果品市场	2	325	23.6	9.5
其他农产品市场	8	679	2	3.3

资料来源:北京市统计年鉴

目前，北京共有 7 个大型农产品批发市场，分别是新发地农副产品批发市场、北京京丰岳各庄农副产品批发市场、朝阳区大洋路综合市场、顺鑫石门农产品批发市场、昌平区水屯农副产品批发市场、八里桥农产品中心批发市场（计划搬迁）、北京农产品中央批发市场（计划迁到黑庄户冷链物流配送中心）。在北京市诸多规模较大的农产品批发市场中，新发地作为北京市蔬菜水果批发一级市场，规模位居北京市农副产品批发市场之首，承担着北京市 80% 以上的农产品供应。

七大农产品批发市场主要分布在京西南、京东、京北三个方向，4 个在五环内（大洋路、新发地、岳各庄、中央农批），1 个在五环到六环之间（八里桥），2 个在六环之外（水屯、石门）。

1.2.2 北京市农产品发展问题分析

1. 农产品批发市场业务多元化且批零兼营

目前部分农产品批发市场对自身定位不准，存在经营品种过于多元化的现象，市场不仅有经营农产品的商户，还有不少非农产品商户在经营，如有各种百货小商品批发，以及建材家具等商品的批发。

从表 1-10 七大市场的经营类别就可以看出，有 6 家都经营农产品以外的商品，有的甚至非农产品批发业务占据了主要位置，而由于这些非农产品商户的支付能力一般来说更强，能为市场带来较大的利益，市场也乐于引入。另外国家以及北京相关职能部门投入了大量财政资金，在农产品批发市场普遍建立了农产品质量检测检疫中心，但是检测检疫中心使用率不高，这也是因为批发市场面临激烈的市场竞争，不愿意提高农产品质量门槛，另外后期的设备、人员等费用也会降低批发市场收益。从这些情况不难看出现在农产品批发市场还是将追求利润放在了首位，而忽略了农产品批发市场本身应具有的公益性。如何在市场追求利润的行为和充分发挥农产品市场的公益性作用之间寻求平衡，需要政府运用智慧去做好相关政策的支持和引导工作。

表 1-10　北京七大农产品批发市场基本情况

名称	具体经营类别	辐射范围	位置与设施
北京京丰岳各庄农副产品批发市场	综合，蔬菜、水果、水产、海鲜、肉类、禽蛋、调料、粮油、豆制品、熟食、服装、办公用品、酒店用品、日用百货等	北京西南	京石高速公路与西四环路交汇处，摊位 2800 个

续表

名称	具体经营类别	辐射范围	位置与设施
北京新发地农产品批发市场	蔬菜、水果、肉类、粮油、水产、调料等	全市，包括河北周边地区	南四环与南五环之间，固定摊位 2000 个左右，库容为 12 万吨冷库在建中
北京大洋路农副产品批发市场	综合，水果、鱼肉、水产、禽蛋、粮油、调料、服装及小商品等万余种商品	东南部，辐射 CBD 商业和使馆区，经济技术开发区	京津塘与京沈高速公路的交汇处（三环与四环之间），固定摊位 2000 个左右
北京八里桥农产品中心批发市场	综合，蔬菜、水果、水产品、肉禽蛋、粮油、饮料、副食、调料、食品、百货、建材、花卉等近 3 万种商品	东部，通州、朝阳东部，甚至河北一部分地区	东五环到东六环之间
北京昌平水屯农副产品批发市场	综合，菜、水果、粮油、肉蛋禽、副食调料、日用百货以及建材、家具等上万品种	北部，主要包括昌平	北六环以外，门面房 1000 余间
北京顺鑫石门农产品批发市场	综合，蔬菜、果品、粮油、水产、肉蛋禽、调料、副食、百货	北部，主要包括顺义	六环东北角附近，固定商户 2000 余家
北京中央农产品批发市场	综合，粮油、特菜、食用菌、酒水饮料等	西南部，主要包括丰台、大兴	南四环，依傍京九铁路、四环路、京开路、京良路，现有经营摊位 1300 余间，拥有 3800 平方米保鲜冷库

　　另外，批零兼营的现象在批发市场中也较为突出，有的市场零售额甚至占到了相当大的比重，使批发市场名不副实，而人流、物流的密集交织，也带来了诸多的问题。批发市场大量零售情况的出现有两个原因，一方面是批发市场一般在居民聚集区，面对着大量终端消费者的需求需要满足，批发市场于是兼具农贸市场的性质；另一方面市场中经营商户中有一部分小散户（图 1-2），其经营行为与大户有所不同，他们不会固守批发业务，而是有利就卖。当然这种情况可能会扰乱市场，不利于市场方的管理，所以批发市场比较倾向于引入大户，以稳定市场。如新发地顺应市场规律扶大、扶优，通过市场的优胜劣汰，将一部分零散、不规范的散户清退出市场，使原有的 5000 家商户最终减少到 4000 家左右，因为大商

户有完善的产业链，规模化经营，能持续供给，保障市场稳定，产品出了问题也更好追溯，更利于市场的管理。

图 1-2　批发市场上小散户众多

2.　农产品批发市场经营运作模式滞后

目前的农产品批发市场基本都是商流、物流混合在一起，相应的物流基础设施单薄，配套冷库数量不足，且缺少分类包装加工、装卸搬运等设施；垃圾污水处理系统不够完善，水电系统、道路、场地设施等基础硬件的改造建设不足，导致周边经常出现物流、人流集中，客运、货运交织融合，呈现严重的拥堵。大型的农产品批发市场，每天晚 21 点到早 6 点货物从外向内聚集，来自全国的运货车辆进行批发交易。7 点到 9 点、14 点到 16 点采购人是从外向内聚集，开始采购批发市场销售的货物。8 点到 10 点、15 点到 17 点采购人从内向外离散，预示客户采购完毕，携带货物返回，车流向外辐射。来此采货的车流与社会车流叠加，造成交通长时间拥堵，且内部停车位少导致停车困难，微循环不畅，批发市场周围违规停车、野蛮占道、行车抢道等现象日益突出。新发地市场地区每天的进出车流量高达三万多辆（次），已成为首都的严重拥堵点之一。而且新发地的过境型物流也加大了南四环的交通压力。另外农产品批发市场也是外来人口聚集的地方，市场商户超过 80% 是外来流动人口，一般一个摊位会带来三到五名外来流动人口，部分商户举家经营，多居住在城中村，给社会治安等带来了挑战，也给北京带来了较大的人口压力。农产品批发市场的商户以外地商户为主，交易方式往往是人货同行，买主在验货基础上讨价还价，结算则通过现金、微信、支付宝等多种形式。从以上资料不难看出，正是由于批发市场的商流、物流未能合理分离，导致大量环境、交通、人口问题，才使得批发市场被视为低端业态，被列为政府要求疏解的对象。农产品批发市场的当务之急是要抓紧时间升级改造，将商物合一功能的批发市场疏解或改造成商物分离的市场。而未来留下来的市场，只是价格形成、信息交换、展示和交易的场所，实际产品的物流配送则由分布在城市周边的物流中心完成。升级后的批发市场其规模会缩小，但利于管理方通过信息化进行管理，并可以利用金融工具等做好市场服务工作，寻找新的盈利增长点。规模缩小后让出来的区域，也可以满足政府重新进行功能规划的需求。

3. 部分批发市场品牌技术优势有待进一步凝练

虽然现在北京部分农产品批发市场已经有了一定的知名度，如提起新发地就想到"菜篮子"和"果盘子"，说到大洋路市场，就想到鸡蛋，但是大多数的农产品批发市场经营业务比较接近，经营品种大同小异，缺少特色，表现在服务对象不明确，没有独具特色的经营品种和服务，不能形成品牌效应。

从目前北京市农产品批发市场的基本情况来看，大都是综合类的批发市场，具有专业特色的批发市场较少，这是由于大部分市场都倾向于求大求全，希望满足消费者在市场一站式购买所需商品的需求，但是在竞争日趋激烈的大环境下，这种传统的思路已不能适应市场发展，有特色、专业性强、有专门对接的产地、有层次分明的消费群体、有高效的物流服务能力、有强烈的品牌吸引力的批发市场才是未来市场的发展方向。如何抓住特色，树立品牌，提升服务是当前农产品批发市场迫切需要考虑的问题。

要考虑市场经营特色问题，首先要分析不同的市场会对接哪些不同的产地。目前北京市农产品供应来自不同的地区，其中蔬菜来源地主要是周边地区。河北、山东、辽宁既是在区位上与北京最为相近的省份，又是农业生产大省，同时也是北京的"外省菜园子"，这些省份是保障北京蔬菜供应的主力军。

从进京渠道来看，不同的方向上有不同的农产品，根据这个特点，可以将不同的来源地产品对接到不同的批发市场，如羊肉多来自北边，可在北京北部规划专业批发市场对接，水产品多来自山东和天津，则可以对接东部的农产品批发市场，使不同的市场各具特色。进京路线如图1-3所示。

当前在京津冀协同发展的背景下，同时鉴于以上农产品批发市场在发展中出现的变化和问题，北京市政府已经将区域性批发市场列为疏解对象，准备进行疏解。但是到底应该如何疏解农产品批发市场，整体疏解还是疏解其中的某些功能，则是一个要慎重考虑的问题。毕竟"民以食为天"，农产品作为带有准公共性的产品，农产品批发市场具有一定的特殊性，担负着应急储备、保障居民生活等功能，对居民生活有着重要影响，一旦出现问题，会造成不良社会影响。要仔细分析后再进行疏解。为了解决现有农产品市场的问题，即便是保留下来的市场，也需要做好升级改造工作，以适应新形势下的市场发展需求。

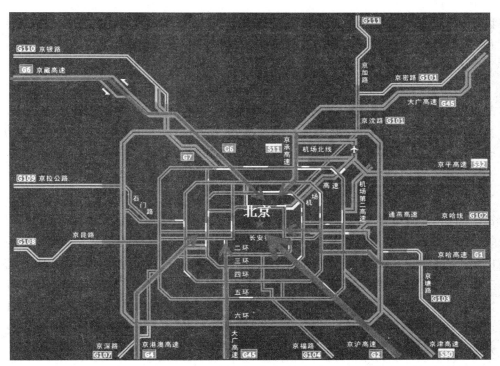

图 1-3　进京路线

1.2.3　农产品批发市场疏解升级现状分析

　　北京农产品批发市场的发展为农产品的供应发挥了重要作用，但也在发展过程中造成了若干亟须正视与解决的问题。在疏解非首都功能的要求下，农产品批发市场也开始进行转移升级的工作。农产品批发市场疏解升级是指在政府的政策鼓励支持下，对不适应经济发展、城市建设和居民消费要求的农产品批发市场，在基础设施、市场功能、管理模式、信息化、服务水平等方面进行全面提升，使其成为适应现代经济社会发展和建设现代农产品市场体系要求的新型农产品批发市场。

　　市政府要求重点引导和推动农副产品等大宗商品的仓储物流功能外迁。在大型农产品市场中，城北回龙观农产品市场、锦绣大地和八里桥农产品中心批发市场成为首批被疏解的对象。

　　城北回龙观农产品市场在 2015 年已经基本完成搬迁工作。2015 年底拆迁了 4 万平方米，累计腾退商户摊位数 7775 个，占总数的 94.5%。到 2016 年 3 月 31 日前完成了全部商户清退工作和市场的整体拆除,实现场清地平。清退商户部分转移到了河北张家口市,实现粮油、淡水鱼、海鲜等批发商品功能北移,同时保障了城北市场的原有辐射区域。

2016 年北京市继续扩大了农产品市场转移升级的范围,海淀区最大的农副产品批发市场——锦绣大地自 2016 年 6 月底关停果品批发市场后,在 2016 年年底,又陆续关闭肉类、水产、蔬菜、粮油等 4 个专业市场。其西区宿舍清退超 1300 套房,疏解 6000 多人,其中 90% 为北区水产蔬菜市场、北区鑫源肉类市场、北区粮油市场的经营商户,10% 为锦绣大地物流港和商务在线的经营商户。

八里桥农产品批发市场作为北京东部地区最大的综合性农副产品批发市场,占地面积 40 万平方米,营业面积 20 万平方米,曾在保障民生、繁荣市场和稳定物价方面发挥过巨大的作用,但是随着北京副中心——通州的发展,八里桥市场已经不符合副中心的发展要求,现在其周边市场的建材、汽配等已基本完成搬迁工作。《北京市通州区人民政府办公室关于进一步加快全区有形商品交易市场疏解提升工作的实施意见》(通政办发〔2018〕21 号)在 2018 年 8 月初发布,对存量市场,通州将按照"拆除(关停)"一批,"清退转型"一批,"升级改造(规范提升)"一批的原则,进行全面疏解提升。

综上可见,农产品市场所承载的储存、冷库加工、大宗农产品中转等功能已不再符合北京特大城市发展的要求,这些非首都功能应及时疏解。如果把这些市场不需要进京就能完成的分销中转业务全部疏解到北京的近郊,将能在更大程度上推进京津冀农批产业的协同发展。

1.2.4 北京市典型农产品批发市场发展现状

随着疏解"非首都功能"相关政策的出台,有"菜篮子""果盘子"之称的新发地积极探索行业转型升级之路,北京新发地农产品批发市场、北京昌平水屯农副产品批发市场和北京京丰岳各庄农副产品批发市场积极探索高水平建设之路,通过疏解北京非首都功能,推进京津冀协同发展,调整经济结构和空间结构,促进区域协调发展,走出一条内涵集约发展的新思路。本部分主要对这三个典型的农产品批发市场发展现状进行描述并分析。

1.2.4.1 北京新发地农产品批发市场

1. 北京新发地农产品批发市场简介

北京新发地农产品批发市场成立于 1988 年 5 月 16 日,市场建设初期只是一个占地 15 亩、管理人员 15 名、启动资金 15 万元,连围墙都是用铁丝网围起来的小型农贸市场。经过 30 年的建设和发展，现已成为首都北京，乃至亚洲交易规模最大的专业农产品批发市场，在全国有 10 个分市场，在世界同类市场中具有很高的知名度和影响力。

目前新发地市场有固定摊位 2000 个左右、定点客户 4000 多家，日吞吐蔬菜 1.8 万吨、果品 2 万吨、生猪 3000 多头、羊 1500 多只、牛 150 多头、水产 1800 多吨。2015 年交易量 1510 万吨，交易额 606 亿元人民币。2018 年交易量 1698 万吨，交易额 1080 亿元人民币。新发地市场担负着首都 80% 的蔬菜、水果供应，是保障首都市民日常生鲜食品供应的主力军，还发挥着储备库作用。在全国 4600 多家农产品批发市场中，新发地市场交易量、交易额已连续十四年双居全国第一，是首都名副其实的"菜篮子"和"果盘子"。

近年来，为构筑首都农产品安全稳定供应的"护城河"，市场实施了"内升外扩，转型升级"的发展战略，业务正在稳步向生产源头和零售终端同步延伸。目前，新发地市场已在全国农产品主产区投资建设了 10 家分市场和 200 多万亩基地，在北京市区内建立了 150 多家便民菜店，300 多辆便民直通车，有效平抑了市场物价，方便了社区居民，保障和满足了首都农产品的稳定供应。

2. 新发地主要销售产品品种、产区分布及价格

目前，新发地形成了以蔬菜、果品批发为龙头，肉类、粮油、水产、调料等多种类农副产品综合批发交易的格局。新发地作为北京市大型的集散中心，经营品类众多，客流量大，给商户带来了巨大商机，而且新发地还为商户提供了冷库等相应物流设施。新发地为商户吸引了大量的客源，且为实现共同配送提供了基础，促进企业与新发地批发市场更好地融合。

（1）蔬菜。新发地销售的蔬菜来源于全国各地，周边省份占比约一半。蔬菜主要来源是河北省、山东省、东三省（辽宁省、吉林省、黑龙江省）、北京市、云南省、海南省、广西壮族自治区、甘肃省、广东省、四川省等地，图 1-4 为各省（自治区、直辖市）运入新发地的蔬菜占总量的比例。

目前，新发地主要销售的蔬菜为应季蔬菜，一般是西红柿、黄瓜、大白菜、洋葱、白萝卜、土豆、大蒜、冬瓜、姜、大葱、菌类、豆角、胡萝卜、生菜、芹菜、红薯等。

2019 年 11 月 22 日，新发地市场蔬菜加权平均价是 2.04 元/公斤，比上周同期（11 月 15 日）的 1.98 元/公斤上涨 3.03%，比 2018 年同期的 1.77 元/公斤上涨 15.25%。周环比小幅上涨，年同比明显上涨，如图 1-5 所示。

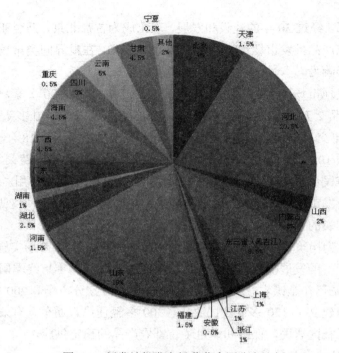

图 1-4　新发地批发市场蔬菜来源分布比例

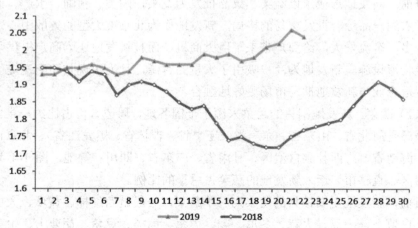

图 1-5　2019 年 11 月与 2018 年同期蔬菜加权平均价走势对比图（单位：元/公斤）

2019 年 11 月 18 日，蔬菜价格走势呈缓慢上行趋势。大部分蔬菜的价格基本保持稳定；小部分蔬菜价格有涨有落，基本上属于是价格波动的正常现象。蔬菜的加权平均价有所上行，原因有 4 个，具体如下：

一是目前北方蔬菜都是暖棚生产的，成本明显增加。这部分蔬菜价格基本比前一周有所上涨，个别品种受到南方蔬菜上市影响，价格也有下降。表现比较明显的如团生菜、长圆茄等。

二是南方蔬菜上市量的逐步增加，比如豆角类，单品价格比整体蔬菜价格要高，由于上市量加大带动整体价格上涨。

三是个别品种蔬菜面临产地转换，后续上市的蔬菜质量高于前期，价格也有所上涨。比如韭菜从原来的河北邯郸转移到了河北唐山的乐亭至秦皇岛一带，生产方式由冷棚转变为暖棚，质量提高，价格也随之上行。

四是个别品种种植结构出现调整，价格也同样出现波动，表现比较明显的是黄瓜。

总体讲，2018 年此时的价格是近几年同期的最低点，2019 年价格虽然要高于去年，但是处于合理区间，在近 5 年同期中处于中间的位置。后期蔬菜整体供应能力依然充足，大部分产区的蔬菜的生长态势是良好的。

下面就新发地主要销售的蔬菜品种、产区分布及价格分类进行介绍。

1) 大葱。一段时间以来，大葱的价格走势保持稳定，相对低迷。11 月 22 日，新发地市场大葱的批发价是 0.40～0.70 元/斤，其上周同期（即 11 月 15 日）的价格是 0.40～0.70 元/斤，周环比持平；去年同期是 0.50～1.20 元/斤，年同比下降29.41%，降幅明显。

目前市场上销售的大葱大多产自山东平度，几乎全部都是以净葱的形式上市，价格比毛葱要高一些；其他还有产自河北唐山玉田及天津宝坻一带的大葱，以及保定的鸡腿葱，其中鸡腿葱多为毛葱，价格较低。

2019 年夏季，大葱价格一直都是比较低的，入秋以后还有小幅的下降。根据多年的新发地市场统计数据显示，大葱价格在近 5 年同期中处于最低点。虽然价格相对较低，但是目前大葱的质量是近几年同期相对较好的，葱白长且粗壮。不过，一些过于粗壮的大葱内部也会出现空心现象，所以一些超市和食堂则喜欢选择稍细的规格作为采购对象。

造成大葱品质发生变化的原因有两个：一是前期价格一直较低，农户对后期价格持有期盼，有惜售心理，大葱生长期延长；二是中后期价格依然较低，种植户失去信心，对日常的田间管理出现松懈情绪，任凭大葱自由生长。

2018 年夏季，山东多地的大葱受到雨水的浸泡，减产，价格相对较高，秋季大葱的价格虽然低于夏季，但是在近几年同期中仍然略高一些。2019 年夏季，山东大葱没有出现被淹现象，且天气状况良好，大葱长势良好，总产、亩产明显增加，这是近期大葱价格大幅度低于去年同期的主要原因。

随后上市的是江苏启东及浙江、福建大葱，2019 年那里的大葱种植面积比

2018 年同期都有不同程度的扩种，因此，今冬明春大葱的供应会相对充足。

2）圆茄。2019 年 11 月 22 日，新发地市场圆茄的批发价是 0.70～1.80 元/斤，上周同期（11 月 8 日）的价格是 0.70～2.00 元/斤，周环比下降 7.41%；2018 年同期是 0.50～1.50 元/斤，年同比上涨 25.0%。

圆茄产地较多，价格也出现比较明显的差异。圆茄主要产地有河北的饶阳、辽宁的海城、内蒙古的赤峰，以及云南西双版纳。

2019 年圆茄的价格从夏季开始不断走低，入冬以后价格有所反弹。价格反弹的原因是赤峰暖棚圆茄开始上市，因质量、品相都要优于其他产地，所以价格相对较高，批发价达到 2.00 元/斤，而其他产地的价格基本都维持在不足 1 元/斤的状态。

云南圆茄上市，价格稳定在 1.60～1.70 元/斤，明显低于赤峰圆茄的价格，可是因为上市量还比较小，对赤峰圆茄暂时还没有造成明显影响，价格仅有 0.2 元/斤的下降。但是，云南圆茄一旦形成批量上市条件以后，赤峰圆茄价格就会出现下降。

据商户反映，由于 2018 年冬 2019 年春圆茄的价格相对较高，因此 2019 年秋季以后圆茄的种植面积普遍扩张，包括云南的临沧一带也出现了比较明显的扩种，比 2018 年同期扩种约 1/3 左右。云南圆茄会在春节前后大量上市，所以圆茄价格依然以稳定为主，没有特殊原因，价格就不会出现较明显的浮动。

3）团生菜。2019 年 11 月 22 日，新发地市场团生菜的批发价是 1.00～1.40 元/斤，上周同期（11 月 15 日）的价格是 1.10～1.50 元/斤，周环比下降 7.69%；2018 年同期是 0.50～0.80 元/斤，年同比上涨 84.62%。

此时市场上销售的团生菜主要来自河北的廊坊和云南的昆明一带，少量来自四川成都。

此时云南昆明的团生菜已基本涌入市场，上市量在瞬间多起来以后，对之前廊坊团生菜的价格构成了明显的遏制。按照市场规律，廊坊地区的生菜价格在云南生菜上市之前会出现上涨，为云南团生菜进京创造条件。在云南团生菜上市之前，河北团生菜到了上市尾期，只有少量暖棚团生菜应市，价格出现连续上涨。云南团生菜上市以后，价格出现明显回落。

2019 年云南昆明地区团生菜的种植面积有所压缩，所以价格出现恢复性上涨。总体上看，尽管云南团生菜的种植面积有所压缩，但是其产能还是明显高于北方暖棚团生菜的，它的上市压低了北方暖棚团生菜的价格。

4）黄瓜。2019 年 11 月 22 日，新发地市场黄瓜的批发价是 2.40～3.50 元/斤，上周同期（11 月 15 日）的价格是 2.00～2.90 元/斤，周环比上涨 20.41%；2018

年同期是 1.40～1.70 元/斤，年同比上涨 90.32%。

（2）水果。新发地的水果来自周边省份占比约 30%。水果主要来源是广东省、河北省、山东省、海南省、湖北省和湖南省、东三省（辽宁省、吉林省、黑龙江省）、江西省、新疆维吾尔自治区、云南省等地，图 1-6 为各省运入新发地的水果占总量的比例。

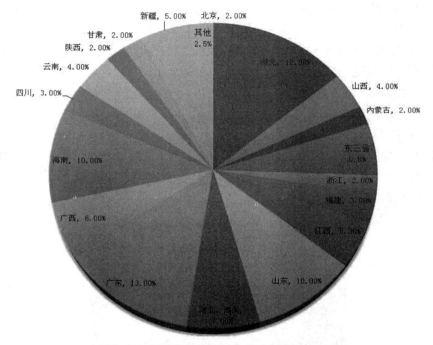

图 1-6　新发地批发市场水果来源分布比例

目前，新发地销售的水果分为进口水果、精品水果和普通水果，普通水果一般为一般是苹果、梨、西瓜、香蕉、芒果、葡萄、猕猴桃、哈密瓜、甜瓜、桃、李、杏、荔枝、樱桃等。2019 年水果行情整体低迷，销售量不比往年，但水果价格走势稳中有降，虽然仍然略高于 2018 年同期，但从下降趋势来看，降幅是比较突出和迅猛的。随着全国各地秋季水果的集中上市，市场保有量的大幅增加以后，整体价格的下降依然是大势所趋。

下面就新发地主要销售的水果品种、产区分布及价格分类进行介绍。

1）苹果。2019 年某一时期，水果价格一度上涨得厉害，储存的富士苹果价格一度高达每斤 10 元。此前造成价格大幅上涨的主要原因之一，是苹果这种占据销量"半壁江山"的品种，供不应求，价格几乎翻倍。但此时，苹果的价格降下来了，新上市的嘎啦苹果每斤5元，小一点的每斤4元。目前阿克苏苹果与甘肃富士苹果占据苹果类市场的大半部分，山东烟台苹果也开始进入市场，其苹果品质与口感为优等，批发价为3～4元/斤，相比2018年同期价格有所下滑。

2）蜜柚。此时正是开始吃蜜柚的时候，其批发价是每斤2.2至2.4元，市场上销售的蜜柚主要来自海南的澄迈、广东的梅州、广西的南宁地区和福建漳州地区。据了解，蜜柚价格虽有小幅下降，但仍然偏高于2018年同期。这是因为其受到整体水果价格仍然偏高的影响，商户、果农的预期心理较强；另外一个原因是2019年上市销售的新品种需要一个市场认知周期；据商户反映，2019年蜜柚在4月中旬花开时节遭遇降雨大风天气影响，花瓣脱落，导致产量减少。商户反映，减产比例约为10%至20%左右，这说明2019年蜜柚的价格可能会坚挺一段时间，等到后期各个产区的蜜柚形成批量上市以后，价格会继续下降，幅度也会大一些。

3）柑橘类水果。柑橘类水果，如爱媛38号（图1-7）与赣南脐橙为目前柑橘类消费者的首选，赣南脐橙批发价为70元/15斤。据调研的商户叙述，2019年某一时期爱媛38号是销冠，一天能卖4挂车，一挂车有2万斤。为了保证送货及时，店里配置了十几个卖手，随时为客户候命。

图1-7　爱媛38号

4）人参果。云南石林人参果因其味道独特、清香可口、甘甜多汁销售量走在前列，据了解，云南石林人参果因无法放入冷库保藏，所以保质期较短，每颗优质人参果的保质期仅在半个月左右，目前30颗一箱的石林人参果批发价为40元。

5）榴莲。进口水果中泰国榴莲仍然是新发地的热门话题。据悉，泰国榴莲目前品种为"干尧",该品种榴莲肉质呈胶状、味道香甜、果味淡、口感甚佳,与泰国金枕榴莲口感有很大的差别。泰国干尧榴莲为一级果,批发价在400元/15斤左右,可持续供应一整年,据悠乐果工作人员表示:现在泰国榴莲每天都可以走货一柜多。

6)葡萄、西瓜。2019年市场中的其他水果如葡萄、麒麟西瓜的价格也都在下降,葡萄此前8~10元/斤,后来最贵7元一斤;麒麟瓜每斤2.5至3元,原来3元一斤。商户们反映水果价格下降的原因是2019年丰产。

(3)新发地农产品流通模式。新发地的流通模式是农业生鲜生产者将生产的农产品销售给产地集贸市场或农业生鲜收购商,再由这两者将农产品销售给产地批发商,产地批发商将农产品销售给新发地(图1-8),新发地销售给二级批发市场、社区农贸市场或超市,由二级批发市场或社区农贸市场、超市销售给餐厅,再由超市、餐厅、社区农贸市场销售给终端消费者,如图1-9所示。

图1-8 新发市场蔬菜批发摊位

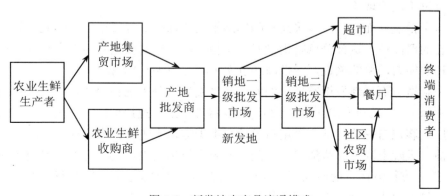

图1-9 新发地农产品流通模式

　　批发商的售卖方式一般是货车和露天摊位。批发商从产地经销商或者合作社手中拿货，承担干线运输的功能，从产地运送单品到新发地，华北地区干线运输时间约几小时，多是当天采摘当天运送，第二天凌晨在新发地市场售卖，稍远一些区域可能需要提前采摘，摊位和一批商一般固定，大客户也大多固定。一车货物约20～30吨，一般当天均能卖完。一般商贩一天的售卖规模在一车左右，如果固定客户有促销活动（规模变大），也会进行配合，适当增加当天售卖规模。新发市场蔬菜售卖区如图1-10所示。

图1-10　新发市场蔬菜售卖区

　　因为同一个单品有多个批发商，销售商品的品质不完全相同，对于大多数单品来说，价格由供需关系决定，批发商都是价格的接受者，定价主要由供求关系决定，不同批发商售卖的同品质的同种商品价格按理是完全相同的，二道贩子等会帮助发现价值洼地从而修复定价体系。一般情况下每天商品价格会有小幅波动。因此对于有经验的采购商来说，新发地各个品类的商品价格均十分透明，价格和商品品质是匹配的，采购商会依据自身的采购需求选择相应的商品，市场上基本不会有讨价还价现象。

　　对于批发商而言，产地采购价和销地批发价都是随行就市的，因此有偶尔价格倒挂的可能性，这部分风险由批发商承担，因此也需要批发商有商品选择和价格把控的能力，总的来说，一批商加价率大概在10%～15%。

　　在配送方面，新发地市场中的农产品批发送货分为三种模式。一是客户自提（图1-11），二是商户送（图1-12），三是将货交给货拉拉配送，共同配送模式尚未推广。客户自提情况下，采用自己的车根据需求来进货；商户送货情况下，会根据前一天晚上商户订货情况进行配送并于当日早上去送货（运费一般由买家承担）；第三方物流送货的情况下，是商户按照客户订单备货，同时与货拉拉公司沟通让其早上拉货运输，完成配货任务。

图 1-11　客户自提农产品

图 1-12　商户自配车辆

新发地调研数据统计见表1-11。

表1-11　新发地调研数据统计

调研人群	经营类品	车型	载货量	满载率	配送范围、类型	送货频率	送货时间段	行程
拉货个体零售商	蔬菜包括玉米、大葱、蒜、花生、豆角、土豆、西红柿（单独塑料箱子）、圆白菜、毛豆、茄子等	总质量1530kg栏板高度340mm	1500kg	99%	苹果园、小区	一天一次	中午12点至晚上9点	去各个菜区轮番装货
运输司机	蔬菜包括土豆、白菜、大椒、尖椒等	金杯车2~3t	1500~2000kg	60%	一车货送往两个单位（学校/单位）	一天一次	早上3点	去各个菜区轮番装货
运输司机	蔬菜、水果、鸡蛋（夏天会加冰块保鲜）	总质量4495kg		55%	酒店、学校、单位、商超	两天一次	早上2点至3点	配送车位固定，由周转小车送至停车处
柚子商户	柚子	4.2m车	6000kg			一天一次	早上3点至4点	
龙眼商户	龙眼	4.2m车	2000kg		天津、沈阳、唐山、黑龙江、涿州、北京市商超	超市一天一次、外地三四天一次		
桃子商户	平谷桃子		5250kg		零售商户			

1.2.4.2　北京昌平水屯农副产品批发市场

1. 北京昌平水屯农副产品批发市场简介

北京昌平水屯农副产品批发市场于1996年9月28日正式开业，通过多年的发展建设，目前占地规模达600余亩，总投资1亿余元，建筑面积10万余平方米。市场建有封闭式交易大厅30余座，开放式交易大棚12栋，门面房1000余间。市场内现有固定摊位1200个，临时摊位800个。2018年，北京昌平水屯农副产品批发市场年交易量达88.5万吨，成交额46亿元。

2. 北京昌平水屯农副产品批发市场优势

（1）区位优势。北京昌平水屯农副产品批发市场，位于北京市昌平卫星城西南2公里，毗邻中关村科技园区昌平园，是京北地区重要的农副产品集散地，是我国华北、东北、西北等地区农产品进京销售的重要窗口。

（2）交通优势。北京昌平水屯农副产品批发市场，毗邻中关村科技园区昌平园，京藏高速公路擦肩而过，距离张家口 180 公里，距天津市仅有 140 公里。京包高速、京通铁路连接西北、东北九省区，距北京市区仅 20 余公里，地理位置优越，交通便利。

（3）经济优势。北京昌平水屯农副产品批发市场主要经营蔬菜、水果、粮油、肉蛋禽、副食调料、日用百货以及木材建材、装饰材料、家具等。市场水、电、暖、停车场等基础设施齐备，建有餐饮区、通信、仓储、冷库、运输、配送等服务设施。商品来自全国各地，流向西北、华北、东北地区，日均进场各种交易车辆近万辆。其中大部分为机关、厂矿、部队、学校、饭店。昌平水屯市场的交易量和成交额以每年 20% 的速度稳步递增。

（4）后发优势。水屯市场已成立了五大中心，即市场指挥调控中心、信息网络中心、食品安全检验检测中心、废弃物处理中心和电子结算中心，并且有大规模的物流配送体系，能在最快的时间内把新鲜的食品送到人们的手中，让人们吃到放心安全、物美价廉的食品。

3. 市场情况分析

水屯农产品批发市场分为两部分：县级市场和村级市场。县级市场占地面积较大，主要经营水果、蔬菜、肉禽类等产品，种类较多，批量较大；村级市场主要经营水果和一部分建材等日用品，面积较小，人流量不多。据调研，昌平水屯市场相比新发地市场秩序较差，市场内部环境（图 1-13）嘈杂脏乱，固定摊位以自行搭建的大棚为单位，临时摊位以车为单位，规模不统一，车辆管理较为混乱。

图 1-13　水屯市场内部环境

县级水屯市场平面布局如图 1-14 所示，包括蔬菜区、猪肉厅和鸡蛋厅等。其中蔬菜区存在 2 种类型的蔬菜摊位，即多品类蔬菜摊位和单一品种蔬菜摊位。

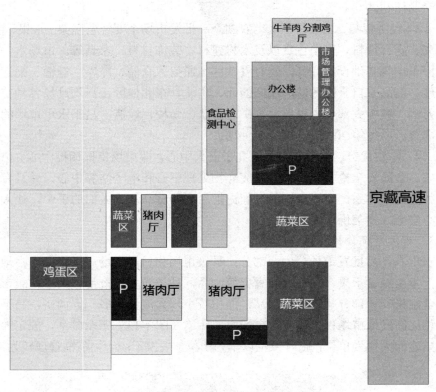

图 1-14　昌平水屯市场平面布局图

（1）多品类蔬菜摊位（4～5 个品类以上，图 1-15）。据调研，一家蔬菜商户，其摊位占地面积 30 平方米左右，既作为商品售货点也是临时存储点。尖椒、大白菜、豆角是其经营的主要蔬菜品类，大部分产品是从北京市新发地农批市场进货（大约占 80%），黄瓜主要是从内蒙古进货，运输车型为 4.2 米长的大货车（图 1-16）。蔬菜损失率高达 50% 左右，其主要原因在于农产品装卸搬运过程中的破损，装卸搬运主要是人工搬运，卸货加摆货 3～4 小时，效率低下且损坏率颇大。下游需求方主要是部队、食堂和饭店等，客户主要以微信联系的形式下达采购订单，摊位主在凌晨 1 点左右开始营业，每天农产品销售量 4000～5000 斤。该商户为签订配送合同的客户提供配送服务，一般合同期为 1 年。根据调研，目前水屯批发市场商户均是单独配送，不同商户在配送时没有采用相互合作的共同配送模式。

图 1-15　多品类摊位

图 1-16　刚进货的大货车

冬瓜、地瓜、山药、南瓜也是水屯市场经营的主要蔬菜品类。据调研，其中一商户的营业面积约 60 平方米，该商户从北京新发地市场进货占比 50%，进货时使用的车辆承重 17000～18000 斤，高峰时期需要使用 2 辆此规模的车辆。每天卸货 10000 斤左右蔬菜量，卸货时间为 2～3 小时，均采用人工搬运，损率占 5%～10%，极个别情况下不会产生损耗。运输来的货物直接存放于该摊位，储存方式较为简陋，直接堆放，无任何包装措施。每天 40～50 个下游批发商过来批发蔬菜，凌晨 5 点至 6 点带车来市场拉货，摊位主负责用小型三轮车送到下游批发商的运输车辆上，并不负责配送，只提供短途的装卸运输。

该商户的上游采购分为两种类型：一是新发地取货；二是原产地取货。

地瓜，原产地是河北雄县，商户为减少运输成本每 2～3 天从新发地市场拉一次货，每次进货 10000～20000 斤，售价为 1 元/斤；山药，原产地是河北保定，从北京新发地市场进货，售价分为两种，即 100 元 20 斤和 100 元 30 斤；冬瓜，产地是江苏，上游供应商送货；南瓜，直接从湖南、湖北等地进货，售价为 1 元/斤。

其中原产地进货途渠道下，每 70000 斤农产品破损 1500 斤左右，破损率为 2%左右。造成破损的原因主要是冬瓜和南瓜没有包装，容易发生磕碰积压，不过相对其他商户的叶菜类农产品，这种蔬菜皮质较硬，相对损耗量较小。堆放在地的冬瓜如图 1-17 所示。

图 1-17　堆放在地的冬瓜

（2）蔬菜品种单一的摊位。据调研，一家专售大白菜的商户，该商户农产品产地为河北唐山，上游供应商负责配货，一次性送货 20000 斤左右，订货频率为两天一次，进货车辆自有，车型为 6.8 米长的大挂车。按大白菜（图 1-18）质量不同售价也不同，批发质量劣等的以"袋"出售，10 元一袋，每袋 80 斤，质量优等的则是 10 元一袋，每袋 50 斤左右；零售则以"个"为单位，2 元 1 个，每个白菜 4～5 斤。在卸货后，对于质量劣等的白菜，商户会进行粗加工，即把破损的叶子剥离（图 1-19），以零售价出售。该商户无固定的配送客户，下游批发商批发上门自提货物。

图 1-18　还未卸车的大白菜

图 1-19 被剥离的破损的大白菜叶

水屯村级农产品批发市场主要经营水果和建材等日用品。其中主营水果包括柚子、苹果、柿子、梨、香蕉、葡萄和龙眼等。其中柚子主要从新发地市场批发，按照品质不同定价不同，白肉（鸡、鸭、鱼）2.5 元/斤，红肉（猪、牛、羊等）4元/斤，商户进货频率为 2 天 1 次，每次 100～200 筐，每筐 40～50 斤，售卖时连筐一起卖，主要客户是一些小商小贩并提供配送服务，配送业务主要与货拉拉合作，配送费用由货拉拉公司规定；苹果主要产自山东烟台，售价分为 1.8 元/斤、2元/斤、2.5 元/斤，每筐 30 斤，由商户雇车从产地进货，每次进货几百筐；柿子主要产自河北狼牙山，每箱 37～38 斤，40 元/箱；县级和村级的水屯市场中的板栗绝大部分产自黑山寨，村级市场中少部分水果产自怀柔。

昌平水屯批发市场正面临整合升级，将保留业态经营不断档，安置约 200 个蔬菜商户、120 个生肉商户、20 个禽蛋商户，从而保证京北地区各大超市、餐厅及蔬菜直通车等基本农产品供应充足。

另外除进行改造升级外，水屯市场还将对猪肉、牛羊肉、禽类、鸡蛋、蔬菜等业态进行重新招商，其他品种不再入驻并且只保留批发业务功能，取消零售经营模式。2019 年主营农产品种类及售价见表 1-12。

表 1-12 2019 年主营农产品种类及售价

品项	名称	售价/（元/斤）
水果	香梨	3.3
	圣女果	2.8
	雪梨	1.8

续表

品项	名称	售价/（元/斤）
水果	西瓜	2.0
	红富士	2.9
	脐橙	4.0
	鸭梨	2.2
	葡萄	4.0
	香蕉	2.7
蔬菜	玉米	2.4
	百合	9.0
	南瓜	1.2
	西芹	2.5
	尖椒	2.8
	菜心	3.0
	上海青	1.6
	油麦菜	2.2
	黄瓜	1.9
	金针菇	4.0
	平菇	3.5
	小白菜	1.6
	香菇	3.1
	苦瓜	2.3
	莲藕	2.1
	生菜	2.1
	大包菜	1.1
	菠菜	2.2
	豆角	3.0
	菜花	2.1
	葱头	1.1
	生姜	3.0
	胡萝卜	0.95

续表

品项	名称	售价/（元/斤）
蔬菜	白萝卜	0.8
	大蒜	2.5
	大葱	1.8
	茄子	2.5
	青椒	1.8
	芹菜	2.0
	马铃薯	0.8
	大白菜	0.4
	西红柿	1.8
	油豆	5.5
	冬瓜	0.5
肉禽类	白条猪	8.2
	白条鸡	5.1
	鸡蛋	4.3
	带鱼	15.0
	鲤鱼	5.0
	鲫鱼	7.0
	草鱼	6.5

1.2.4.3　北京京丰岳各庄农副产品批发市场

1. 北京京丰岳各庄农副产品批发市场中心简介

北京京丰岳各庄农副产品批发市场始建于 1986 年，是北京第一批为首都服务的 "菜篮子"，是京城西南地区经营规模较大，配套服务体系最为完善，经营品种最全面的农副产品的集散地，以下统称岳各庄批发市场。

市场占地面积 52000 平方米（78 亩），营业面积 116379 平方米，11 座交易大厅和 10 座交易大棚达到全封闭式交易环境，拥有近 2000 个停车位；解决当地农民就业 400 人，摊位 2200 个，从业人员 3353 人；2019 年交易额 135 亿元，交易量 7.9 亿公斤，如图 1-20 所示。

图 1-20　岳各庄批发市场

2. 北京京丰岳各庄农副产品批发市场优势

（1）交通优势。岳各庄批发市场位于京石高速公路与西四环路交汇处，距北京西客站、长安街车程仅 10 分钟左右，地理位置优越，交通方便快捷。

（2）经营优势。蔬菜、水果、水产、海鲜、肉类、禽蛋、调料、粮油、豆制品、熟食、服装、办公用品、酒店用品、日用百货等百余种商品，市场商品除供应周边社区，主要服务于北京市各大宾馆、饭店、机关、团体、部队等，配送量占丰台区的 93%，北京市的 42%。

新冠肺炎疫情以来，为了保障供应，岳各庄批发市场联合电商，开设了 62 个社区直营店和 129 个提货点，解决了居民买菜难的问题。2021 年，岳各庄批发市场开始布局线上"菜篮子"，预计将建设 50 处带提货点功能的社区直营店，让居民享受到 6 小时到家的农副产品供应服务。岳各庄市场将整合现有资源转变销售渠道，组建集互联网+分享经济、社群电商、新零售为一体的综合性服务平台，并不断扩大布点密度，将疫情防控下的"保供"措施常态化，满足居民多样化的购物需求。

岳各庄批发市场实行批零分开。该市场服务了周边 3 万多居民以及大量北京市民，零售量大约占 30%。批零分开后零售部分更集中，商户们将以稍稍高于批发价的价格销售，既方便居民购买，又为居民提供实实在在的方便。面对批零分开可能带来的较大人流聚集，岳各庄市场拆除了便民服务中心周边部分建筑约 5000 平方米，增加购物市民停车车位，方便前来购物的市民停车。

（3）市场优势。岳各庄市场在取得广泛社会效益的同时，已成为具有一定规模和诚信知名度的农副产品销售配送专业市场，连续 4 年被北京市工商行政管理局、首都精神文明建设委员会、北京市场协会评为"北京市诚信示范市场"，并获得北京市"农业产业化重点龙头企业"、全国"文明诚信经营示范市场"、丰台区"文明单位"和北京市"九大农产品专业交易市场"等荣誉称号。

3. 岳各庄主要销售产品品种及价格

（1）水产品。2019 年，岳各庄市场水产品加权平均价为 53.52 元/公斤，与上周同期相比上涨 2.4%，成交量 19.7 万公斤，与上周同期相比基本持平。

白鲢 6.6 元/公斤，与上周同期相比基本持平，成交量 0.8 万公斤，同期相比基本持平；草鱼 12 元/公斤，与上周同期相比上涨 5.3%，成交量 1.8 万公斤，同期相比下降 5.3%；鲤鱼 11 元/公斤，与上周同期相比上涨 3.8%，成交量 1.6 万公斤，同期相比基本持平；胖头鱼 18 元/公斤，与上周同期相比下降 1.4%，成交量 11.9 万公斤，同期相比基本持平；鲫鱼 18 元/公斤，与上周同期相比上涨 5.9%，成交量 0.9 万公斤，同期相比上涨 12.5%；多宝鱼 51 元/公斤，与上周同期相比下降 9%，成交量 0.34 万公斤，同期相比基本持平；淡水鲈鱼 62 元/公斤，与上周同期相比上涨 3.3%，成交量 0.24 万公斤，同期相比下降 4%；鳜鱼加权平均价为 152 元/公斤，与上周同期相比上涨 13.4%，成交量 0.2 万公斤，同期相比下降 13%；武昌鱼 16.6 元/公斤，与上周同期相比上涨 3.8%，成交量 1 万公斤，同期相比基本持平；琵琶虾 84 元/公斤，与上周同期相比下降 28%，成交量 0.25 万公斤，同期相比上涨 4.2%；白虾 56 元/公斤，与上周同期相比上涨 3.7%，成交量 0.46 万公斤，同期相比基本持平；梭子蟹 140 元/公斤，与上周同期相比下降 17.6%，成交量 0.15 万公斤，同期相比上涨 66.7%。总体而言，岳各庄市场水产品加权平均价格与上周相比略有上涨，上市量平稳。

（2）蔬菜。2019 年，岳各庄市场蔬菜加权平均价为 4.66 元/公斤，与上周同期相比上涨了 5.7%；成交量为 127 万公斤，环比下降 1%。

环比上涨幅度较大的有菠菜（8.6%）、菜心（11.1%）、黄瓜（11.1%）、姜（11%）、结球生菜（40%）、韭菜（13.3%）、凉瓜（17%）、奶白菜（25%）、平菇（11%）、青蒜（11%）、土豆（30%）、鲜香菇（11%）、香菜（13%）、香芹（50%）、小白菜（67%）、小黄瓜（8.1%）、小柿子（11.1%）、小萝卜（11.1%）、油菜（27.3%）、油麦菜（133%）、茼蒿（14.3%）、茴香（54%）、蒿子秆（81%）。

环比下降幅度较大的有菜花（-33%）、葱头（-17%）、大白菜（-18%）、彩椒（-12%）、苦瓜（-12%）、散菜花（23%）、西芹（-17%）、秀珍菇（-17%）、紫甘蓝（-20%）、莴笋（-10%）

大白菜、圆白菜价格略有下降，目前都来自张家口，2019 年种植面积大，产量高，价格有所下降；豇豆价格下降也是因为产地增加，有辽宁、河北（保定、廊坊）、山东等地。

1.3　北京市农产品零售渠道现状

北京市 2019 年末常住人口为 2153.6 万人，其中城镇人口 1865 万人，乡村人口 288.6 万人，有着庞大的消费需求，为了满足这些需求，需要有多种形式的零售流通渠道。北京目前已经形成了以超市、农贸市场、社区菜市场等各类零售门店、网店等多种零售业态为支撑的农产品零售流通市场格局。

1.3.1　超市

1.3.1.1　超市生鲜经营情况及规定

目前北京连锁果蔬专卖店有大约几十个品牌，其中最大的一家是果多美，目前在全市开有 83 家店（官方数据），其他品牌的查询结果见表 1-13。

表 1-13　北京市主要连锁果蔬专卖品牌分布一览表

品牌	数量	数据来源	备注	区域								
				东城	西城	海淀	朝阳	丰台	石景山	通州	昌平	大兴
果多美	83	官网公布	行业龙头	8	12	12	25	15	1	1	8	1
鲜又多	11	网上查询			1	3	6			4		
超市发（生鲜店）	11	网上查询		1		8			1		1	
鲜果部落（农夫果园）	15	网上查询			1	3	4	5		1	1	
将军红果品	8	网上查询					4	1			3	
鲜果源	6	网上查询				4	2					
地利生鲜	7	网上查询		1		1	5					
供港生鲜	1	网上查询	特色高档店				1					
国安社区	9	网上查询	非果蔬专卖		1	2	2	2		1	1	
白领果蔬	11	网上查询		2	2	2	2				1	
181 菜篮子便利店	9	网上查询	社区小店	7						2		
爱鲜果	4	网上查询		1	1	1	1					

1.3.1.2 "农超对接"的现状及发展

北京市超市农超对接方式的蔬菜、水果已有相当高的占比，对于品种稀缺、产量较少、可替代性较小、很难进入市场流通却可以给超市带来差异化特征的农产品从产地直接进货是最佳选择。

1. 北京市"农超对接"的政策情况

北京市政府鼓励企业开展农超对接试点建设、加强鲜活农产品流通体系建设，在资源、资金、政策等方面积极推动"农超对接"发展。

"农超对接"具备流通环节较少、供销主体稳定、流量流向明确、信息系统完善、消费区域集中等特点，对于建立来源有据、去向可查、责任明确、检测严格的蔬菜安全和可追溯体系，有较好的基础和条件。

2. 家乐福和物美的"农超对接"经验

（1）物美特有的"农超对接"模式。北京物美商业集团是北京及华北地区知名的连锁超市集团，目前在北京的市场占有率为 39.5%，全北京市共有门店 532 家，主要服务北京市民，是目前北京连锁门店最多的超市。物美首先建立"农超对接"自采基地。2018 年 7 月，崇贤街道和物美集团举行"农超对接"战略合作签约仪式，此后崇贤三家村、沾桥村等周边乡村出产的新鲜莲藕、荸荠和慈姑等农产品将会以最快的速度出现在物美各大超市的三家村农产品专柜，预计年销售额达 3000 万元。物美通过"数字化"发展理念及全链条的冷链物流发展模式，在果蔬经营领域做得风生水起，目前果蔬业务已占物美整体业务的 20% 以上。

物美"农超对接"未来有三大发展趋势。首先，加大农产品现代流通的科技含量。强化从基地到货架终端的标筐等用具标准化、从采购到配送到销售的流程标准化，以及支持"农超对接"供应链的信息化平台建设，发挥物美信息技术和物流技术的优势，打造高效、协同的农产品供应链。其次，扩大基地建设和加大农超对接力度。在原有的基地基础上，重点加大河北、海南和黑龙江的基地建设，扩大基地自采的品项到其他生鲜农副产品，如鲜鸡蛋、大米、杂粮、干货等民生农产品，使蔬果农副产品的基地采购量提升 80%。最后，加强与各省市政府的联系。借助各地政府搭建的"农超对接"平台，做好各省市优质农产品在北京的推展和销售，全面推进"农超对接"。

（2）家乐福的"农超对接"。家乐福的"农超对接"是一种通过现代零售业模式提高农产品流通效率的创新模式，旨在通过知识技能的教学，帮助农业生产者提高产品的市场竞争力，同时通过家乐福全国的门店网络进行销售，帮助农民增产创收。

家乐福针对不同的生鲜食品，设定不同的库存量。一般来说，肉类食品库存控制在 1～2 天、水果为 2 天、蔬菜为 1 天、鱼科无库存。因此每个店都根据电脑反映的销量来定货，尽可能做到零库存。消费者对生鲜食品最为关心的是新鲜度和价格两个因素。为了满足消费者需求，北京市的家乐福门店与北京当地农场建立了供应链，负责北京地区各分店的蔬菜供应。

综上所述，"农超对接"具有政府提供的权威性产品检验服务和第三方物流企业联合提供的规范化流通加工服务两大突出优势，对北京市建立农产品现代流通体制、增加农民收入和促进城乡统筹协调发展具有重要的现实意义。

1.3.2   农贸市场、社区菜市场

北京的城市规划整治暂时对于供应链的影响并不大，在零售领域，果蔬市场的业态却悄然发生着巨大的变化。传统菜市场在北京逐步退出历史舞台后所带来的不便捷，在一定程度上影响了市民的日常生活。但目前北京市农产品零售网点中农贸综合市场和菜市场作为传统业态在北京全市范围内依然高度覆盖，并根据各区县的常住人口数量和经济发展特点呈现出明显的消费差异，具体的分布情况见表 1-14。从表中明显可以看出 6 个主城区中只有常住人口最少的石景山区的农贸市场数量在 50 个以下，为 46 个，其余均在 50 个以上，常住人口最多的朝阳区有 331 个。

表 1-14   北京市主要农贸市场分布

区名称	常住人口/万	面积/km²	菜市场/个	农贸综合市场/个	市场合计/个
西城	113.7	51	90	3	93
东城	79.4	42	63	2	65
海淀	323.7	431	143	8	151
朝阳	347.3	471	308	23	331
石景山	57	86	43	3	46
丰台	202.5	304	226	7	233
大兴	188.8	1036	108	15	123
昌平	216.6	1344	148	13	161
通州	167.5	906	127	12	139
顺义	122.8	1021	148	6	154
怀柔	42.2	2123	51	6	57
房山	125.5	2019	97	8	105

续表

区名称	常住人口/万	面积/km²	菜市场/个	农贸综合市场/个	市场合计/个
门头沟	34.4	1451	25	1	26
平谷	46.2	950	34	2	36
密云	50.3	2229	79	4	83
延庆	35.7	1994	18	1	19
合计	2153.6	16458	1708	114	1822

随着生活质量的不断改善和提高，人们对新鲜食材的要求也在不断提升，从追求食材的新鲜和价格的低廉，转变为对食品的来源、成分和安全性的关注。日益增长的收入水平以及眼界的开阔也使得居民逐渐接受以相对较高的价格购买更好品质的产品。

近些年在北京的冬季市场上，新鲜果蔬的品种越来越丰富，无论是本地种植环境的改善，还是全国各地的资源输送，北京居民可以购买到各种食材，这得益于农业部的"菜篮子工程"。丰富多彩的"菜篮子"，把农民千家万户的"菜园子"推向了市场，促进了农业结构的调整，带出了一个大产业。在市场的调节下，蔬菜生产的投资主体、经营形式也由单一转向了多元化，越来越多的生产者、经营者、企业集团甚至外资参与到"菜篮子"产销中，使"菜篮子"日益成为一个重要的产业。农村经济合作社由此应运而生。由经营者、企业或发起人提供专业栽培技术给当地农民，而农民以家庭土地承包经营的形式，承接果蔬的播种、养护和收割。待经过严格的质量检测后，再投放到市场销售。此种方式不仅调动了农民的生产积极性，也在一定程度上保障了农民的基本收入。

在北京的 10 个远郊区中，农贸市场数量排在前三位的分别为密云区、平谷区和怀柔区，这在一定程度上说明这三个区的合作社发展情况较好，当地的农村经济发展水平较高。北京密云卸甲村的农村合作社的工作人员称，合作社自去年开办以来，承包村民每户负责 2 至 3 个暖棚，每年可保证收入少则 3 万到 4 万，多则 7 万到 8 万。最重要的一点是，村民们可专心投入到农作物的生产当中，无需担心农产品因市场需求的浮动而滞销。

1.3.3 便民社区直通车

北京市率先试行的蔬菜直通车，在方便社区居民家门口买菜的同时，也亟待进行规范化管理，以保证社区环境和社区居民的买菜便利性。社区蔬菜直通车已进入 600 多个社区，每周进入社区的频率不低于两次，日均销售量达到 405 吨。

蔬菜由北京新发地菜篮子配送有限公司从新发地进货送到社区，实行采购、配送、销售、标准、品牌、管理等"八个统一"，实行新发地蔬菜直配直销，价格比周边市场便宜。新发地菜篮子公司已在全市建设便民菜店 227 家，购置直通车 320 辆，服务 500 多个社区。公司以"统一货源、统一配送、统一标志、统一价格和统一服务"的"五统一"为标准推进社区服务工作，通过统采统销的经营思路，力争减少农产品流通中间环节，降低农产品终端价格，全力配合政府和商务主管部门做好农产品保供抑价工作，日销售量达到 500 余吨。根据统计，新发地社区菜店比社区周边菜市场或超市的价格低 10%～15%。

蔬菜直通车价格低、辐射范围大，在一定程度上缓解了居民购买刚需。目前，社区蔬菜直通车销售的蔬菜价格较之前的售价低约 50%，社区蔬菜直通车可以辐射 100 多个社区，数万名市民可以通过社区蔬菜直通车购买蔬菜。目前，蔬菜直通车的数量也在不断提高，试图覆盖更多的社区。北京新发地百舸湾农副产品物流有限责任公司等 5 家蔬菜零售企业的 273 辆社区蔬菜直通车，主要进入 600 多个社区提供便民服务，蔬菜日均销售量达到 405 吨。日前，北京超市发连锁股份有限公司将"便民蔬菜直通车"开到北京市丰台区大瓦窑社区丰泽家园的广场上，24 种蔬菜、米面粮油、牛奶、零食、洗漱用品、卷纸等几百种商品摆在了小区的广场上，供居民购买。据了解，丰泽家园为大瓦窑社区代管小区，共有居民 2038 户，周边商业配套设施不完备，附近 3 公里内没有大型综合商场。社区居民平时买菜只能从大瓦窑坐地铁到鲁谷或西局，非常不便利。为了解决这一难题，社区与北京超市发连锁股份有限公司沟通，将"便民蔬菜直通车"平台引进社区，为居民服务，同时以每周至少一次的频率将"便民蔬菜直通车"开到社区，并随着季节的变化及时更新菜品、果品，在满足居民日常消费的同时，保证居民舌尖上的安全。

第 2 章　北京市农产品物流发展现状分析

北京市作为中国的首都，同时又是一个有着 2153.6 万常住人口的超大型消费城市，长期以来，物流发展高低端并存，服务水平参差不齐。一方面城市对物流的需求越来越多，物流与城市居民的日常生活也越来越紧密，首都物流科技水平和整体效率也居于全国前列；另一方面大量不规范的物流设施无序扩张，对城市交通、安全和环境造成了负面影响。站在新的历史起点上，为建设"国际一流的和谐宜居之都"，传统原生态的粗放物流服务已不可持续，首都物流服务必须全面深入贯彻"十九大"精神，落实北京新版总体规划"减量提质"的要求，从目前的高速度向高质量进行转变。

2.1　北京市物流发展现状及制约因素

2.1.1　北京市物流发展现状

北京市的物流现状概况可以从总体需求、服务类型、发展进程三方面来看。

首先，从总体需求来看，规模体量巨大，超大型、消费型、输入型城市特征明显。北京是一个典型的消费型城市，水果蔬菜、粮油及肉禽蛋奶鱼、药品、医疗物资以及煤炭、石油等运入城市的运入量远高于运出量，运入量基本是运出量的 5 倍以上。城市供应保障基本依靠外部，大进小出特点明显。同时，2019 年，全市常住人口 2153.6 万人，实现消费品零售总额 412702.8 万元/日，全市总体物流规模体量巨大。加之北京市的产业结构主要以三产服务业为主，而与此相配套的商超便利店配送物流、电商快递物流以及餐饮企业的配送供应等城市物流配送已成为北京城市物流发展的主导模式。2011—2019 年北京社会消费品零售总额如图 2-1 所示。

其次，从服务类型来看，场景模式多元、高端先进与低端散乱并存，个体消费端需求持续旺盛。以"互联网+"为背景的新物流业态的出现使物流场景更加多元化，物流服务也更加分散化、碎片化和扁平化，物流需求的差异化也导致新技术、高效率的物流组织方式和无序散乱的低效组织方式并存，加之以"新零售"为代表的零售业革命使得物流的服务属性凸显，个体消费者愿意为便利快捷的物流服务买单，这就使得个体消费者对快递服务和末端即时物流需求持续旺盛。2010—2017 年北京市社会物流总额构成及变化如图 2-2 所示。

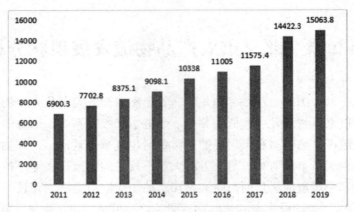

图 2-1　2011—2019 年北京社会消费品零售总额

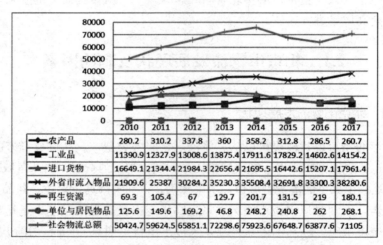

图 2-2　2010—2017 年北京市社会物流总额构成及变化

最后，从发展进程来看，传统原生态及追求成本最低化的物流模式不可持续，行业正在从野蛮生长期进入深度整合期。长期以来，物流设施的建设体现了"野蛮生长和原始扩张"的特点，导致大量低端、不规范的物流设施无序扩张，物流行业也以追求物流成本最低为主要目标，但是在新的发展阶段，为适应新时期首都发展战略定位，传统原生态的低效物流服务已不可持续，物流行业整合转型升级势在必行。

2.1.1.1　北京市物流行业现状总体水平

近 20 年，北京市物流业飞速发展，物流业成为首都经济领域中需求最旺盛、发展最活跃的产业之一，与此同时首都物流行业的整体效率与业务收入也不断提高，有效保障了首都的生产生活需求和各类政治经济文化活动的需要。

物流业发展呈现"量降质增"良好态势。2019 年，北京市社会物流总额达 10.3 万亿元，同比增长 5.9%。

2.1.1.2　北京市现代物流仓储设施的分布及规模

1.　现代物流仓储用地总体规模及分布

经过近 20 年的发展，北京物流业已拥有了一定的仓储、分拨、装卸、运输等物流基础设施，初步构建了以物流基地为支撑，以各类物流园区、配送中心为补充的多层次、专业化节点布局物流网络。

全市物流仓储用地约 49 平方公里，五环外物流仓储用地占比近 80%。全市物流仓储用地主要集中在西南、东南、东北三个方向，形成三个组团。西南方向，自丰台五里店、沿五环至西红门、再沿京开高速至大兴黄庄，呈块状分布；东南方向，主要聚集在通州马驹桥镇，自十八里店向东到朝阳区黑庄户、再到双桥，呈带状分布；东北方向，以首都机场为依托，围绕空港物流基地，在机场北侧及西侧形成集中分布。据北京物流与供应链管理协会估算，全市物流仓储设施总量中，手续相对齐全的不超过 30%，高标准库房更加稀缺。

2.　物流设施空间布局模式

北京物流节点网络在"十一五"物流发展规划的"三环、五带、多中心"空间格局的基础上不断发展，原有规划布点的物流基地、综合物流区、专业物流区总体发展水平不一致，规划实施情况也不尽相同。除了市级层面的几大物流基地外，大部分规划的综合物流区和专业物流区都没有真正发展起来，反而是很多企业和集体建设用地上的物流设施自发出现了，于是逐渐形成了"广覆盖""组团式"的物流空间发展格局。同时，在多组团格局基础上形成了二层级的网络结构，即以四大物流基地为一级物流节点、普通物流仓储设施为二级节点的双层级物流节点网络结构。

物流基地作为一级节点，是构成北京物流总体空间布局发展框架的核心主体，主要承担首都对外以及城市内部物流的总体组织服务功能。按照北京自身的产业结构以及交通网络特点，北京已建设四大物流基地，包括顺义空港物流基地及空港综合保税区、平谷马坊物流基地、通州马驹桥物流基地、大兴京南物流基地。另外大部分普通仓储设施承担着仓储、分拨、配送等二级节点的功能，这部分物流仓储设施绝大多数分布在四环路以外，但成规模、现代化、集约化的节点较少。

3.　物流设施空间分布特点及变化趋势

全市物流仓储用地从 40.8 平方公里增长到 53 平方公里，但从全市开展违法建设拆除行动以来，全市物流仓储用地减少到 49 平方公里。同时，物流仓储用地逐步向五环外迁移，整体向外迁移趋势明显，五环外物流仓储用地占比由 61% 增长到 79%。从统计数据来看，北京市交通运输、仓储和邮政业也逐渐向外围转移，顺义、大兴等多点地区的物流业地区生产总值实现 250 亿元，增长率为 280%，首次超过中心城区的物流业地区生产总值。

同时，物流设施中自发形成的物流集散区数量较多，主要位于城乡结合部地区的集体用地上，占全市总的物流仓储设施的比例在三分之一以上。其经营模式是租用村集体土地，建设物流园区，采用对外出租的模式，以相对低的租金吸引物流企业。规划集中城市建设区内物流仓储用地的利用集约程度在逐步提高，而集体用地上自发形成的物流仓储用地仍然有蔓延态势，目前这类物流仓储设施也是全市主要拆除的目标和对象。

全市物流仓储设施的总建筑规模在 3000 万平方米左右，消费领域服务型物流设施的建筑规模约为 1900 万平方米，其中经营性为主，可用于市场出租的物流仓储设施的建筑面积在 1000 万平方米左右。市场供给主要集聚在大兴区、朝阳区和通州区，其次是顺义区和丰台区，上述五个区物流仓储供给规模约占市场总供给的 95%，具体如图 2-3 所示。

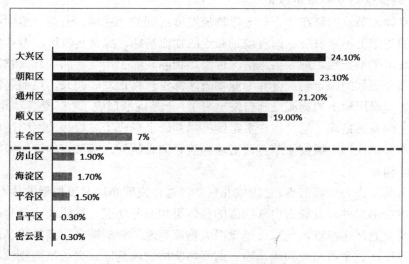

图 2-3   全市各区物流仓储设施供给占比

按照仓储设施等级划分，区域分布也呈现出一定特征，顺义和通州以高端库为主，丰台和海淀以低等级仓储设施为主，大兴区和朝阳区较低等级仓储设施较多。

据北京物流与供应链管理协会调查，冷库库房空置率基本为 0，整个领域的增速超过 40%。目前，北京市冷库容量 140 万吨，容积 350 万立方米，人均冷库占有量 0.16 立方米，冷库主要分布在六环以内。

4. 主要的物资集散区域

物资集散地可分为需求型集散地和节点型集散地两类，其中需求型集散地包括大型批发市场（新发地）、大型商圈（东直门）和产业（黄村）集群集散地，而节点型集散地以物流基地、货运场站和未审批自发形成的货运车辆集散地为代表，包括四大物流基地（空港物流基地、马坊物流基地、马驹桥物流基地、京南物流基地）、10 个货运枢纽和若干个仓储配送中心。从车辆空间聚集来看，短时间（1 小时）车辆停留区域基本涵盖需求型和节点型集散地，空间上覆盖六环及周边区域，车辆密度最高接近 300 辆次/平方公里；长时间（8 小时）停留区域与节点型集散地重合度较高。

2.1.1.3 北京市货运总量和交通运输情况

1. 北京市货运总量及交通运输方式

近十年来，全市货运总量有高有低，货运量在达到最高值 29518 万吨后回落到 23879 万吨。物流运输方式以公路货运为主，但是结构正进入调整期。从北京市统计年鉴中的货运量上看，2019 年公路货运量为 2.2 亿吨，占总货运量的 81.5%，依然占据主导位置。全市机动车 636.5 万辆，其中载货车辆 47.6 万辆。境内运输以本市车辆为主，占 93%。2008—2019 年北京市各类运输方式货运量见表 2-1。

表 2-1　2008—2019 年北京市各类运输方式货运量

年份	货运量/万吨	分类			
		公路	铁路	民航	管道
2008	21885	18689	1733	93	1369
2009	22017	18753	1635	98	1531
2010	23712	20184	1572	130	1827
2011	26849	23276	1380	132	2061
2012	28650	24925	1232	134	2359
2013	28294	24651	1078	136	2429
2014	29518	25416	1132	149	2821
2015	23236	19044	1004	158	3030
2016	24099	19972	725	163	3239
2017	23879	19374	704	175	3627
2018	25244	20278	569	177	4221
2019	27338	22325	449	166	4398

数据来源：北京市 2008—2019 年统计年鉴中的货运量

公路运输以短距离，零担业务为主，货物种类包括快速消费品、建材、农产品、日用品、服装等货物种类，其中建筑物资和生活必需品是最主要的运输货类，两者合计货运量和运次占比分别为74.4%和69.5%，此部分95%以上都由公路完成运输。随着城市非首都功能疏解，目前公路货运呈现以居民生活保障为主的特征，货运量变化与人口呈现高度相关性。

2. 主要干线运输通道及运输效率

北京市域范围内共有铁路线路56条，长度1103.1公里，市域内铁路货场共28处。铁路运输以长距离大运量货物为主，担负了绝大多数的煤炭、石油、矿石及钢材运输，铁路的货物种类中工业原材料占的比重较大。

航空运输以高时效、高价值、小体积货物为主，主要是利用客机附仓带货运输，航空运输效率高，货物种类以手机、芯片、药品、文件等高附加值产品为主。

北京市日均货车流量最高的前10条货运通道包括6条高速、2条国道和2条市道，承担了近55%的进京货车流量，共计约25886辆次/日。高速通道主要是京哈高速、京开高速、京平高速；国道主要包括G110京银路、G101京沈路、G107京深路。

全市营运货车运次平均载货率为91.6%，总体装载率较高，基本充分发挥了车辆的有效运能；里程利用率为54.5%，城市民生保障类物资基本为单程运输，货物配送完成后，由于缺乏分布均匀合理的配送中心，基本上是空车返回原点；平均日运次为1.14次，主要受五环内时段限行政策影响，大部分货车从六环外配送中心出发，日均只能完成一个运次的配送任务，部分持城区通行证车辆（如京东），近途也只能完成2~3个运次配送任务，远途例如上地地区也只能完成1~2个运次配送任务。

2.1.1.4 北京市物流主要组织模式和业态类型

从物流组织模式和物流服务业态的内涵可以看出，物流组织模式和业态是同一事物从两个角度来看的不同表述。物流组织模式是从物流服务的供给侧进行的表述，是为了满足客户的物流需求，对物流要素和资源进行不同方式的合理组织（组织模式），以便为客户提供高效率、低成本和高质量物流服务。物流业态类型是从物流服务的需求侧角度来看，为了选择合适的物流服务，对物流要素和资源的集合（业态类型），使物流服务具有与物流需求的良好匹配性和适应性。不同物流组织主体的物流运行方式见表2-2。

表 2-2　不同物流组织主体的物流运行方式

组织模式	企业类型	特点	优劣势
自营物流（第一方、第二方物流）	商业企业工业企业	自营物流也是最早的物流组织形式，主要受众是一些商业企业和工业企业，服务于企业的生产环节与销售环节，物流的主体是买方物流与卖方物流。第一方物流是为采购而进行的物流，如赴产地采购、自行运回商品，第二方物流是指为了提供商品而进行的物流，如供应商送货上门	自营物流的优势是物流设施和设备均属于自己，易于调拨和操控，实效控制和服务质量好，更易实现精益物流的运作。劣势是需要巨额投资建设物流设施和设备，没有一定的物流规模，容易导致设施设备利用不充分，社会整体效益不高
第三方物流	专业企业	第三方物流是相对于"第一方"发货人和"第二方"收货人而言的。第三方物流既不属于第一方也不属于第二方，而是通过与第一方或第二方的合作来提供其专业化的物流服务，它不拥有商品，不参与商品的买卖，而是为客户提供以合同为约束、系统化、个性化、信息化的物流服务	第三方物流的优势是提供专业化的物流服务，并通过为众多客户服务获得规模经济，降低物流成本，成为未来物流服务的发展趋势。劣势在于买卖双方都没有控制物流过程，需要通过第三方物流服务提供的信息追踪系统查询货物物流信息，物流服务不确定性大
共同配送	专业企业或企业联盟	共同配送是将多个客户联合起来，将来自不同货源的货物集约起来，由一个或多个配送企业对一家或多家用户按指令进行配送。通过"运输规模经济"来降低物流成本，提高物流效率和服务水平	共同配送对提高社会整体物流运作效率、降低物流成本具有重要意义，已成为发达国家的主要配送方式。但也存在商业机密外露、服务水平参差不齐等问题
第四方物流	专业物流	第四方物流（4PL）是供应链管理理念的出现，再加上大量高新科技技术的广泛运用，使得第三方物流行业逐渐朝着供应链管理方向发展形成的。第四方物流主要负责物流方案的总体设计，同时还会管理供应链各个环节的信息流、资金流、物流和商流，确保整个供应链保持高效稳定的运行	第四方物流已经成为可以整合、管理各类物流资源，并能够提出一揽子供应链解决方案的供应链服务集成商，其专业化水平更高，可以打通产业链各个环节，但目前更多服务于制造类企业，城市物流配送涉及较少

最近十几年来，随着现代消费方式的不断升级、电子商务的广泛应用以及北京市城市规模的不断扩大，首都北京的消费需求不断提升，不但传统的实体零售商业日益多样化和现代化，在"互联网+"背景下，借助于成熟的移动网络技术，物流服务也出现了很多新的业态类型。一方面各种业态覆盖不同区域、市场和消费人群，满足了各层次、多样化的消费需求，另一方面也使得北京市城市配送体系日趋复杂和精细。不同物流组织主体之间的关系示意如图 2-4 所示。

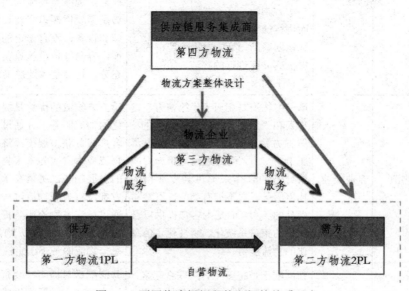

图 2-4　不同物流组织主体之间的关系示意

北京市物流服务领域与对象主要以流通消费领域为主，流通消费领域主要业态类型包括快递服务、城市配送、专业服务物流等。

（1）快递服务。快递服务面向的客户多为个人或小商户，包括收寄、分拣、封发、运输、查询等环节，其中专门用于快件分拣、封发交换、转运、投递处理活动的空间和场所，一般称作分拨中心和营业网点。快递服务的货物分散，品种多，频次多、时效要求高。可以说快递物流更贴近消费者，提供的是"门到门"甚至"桌到桌"的物流服务。在北京这种特大城市，一般的快递企业通常按功能和规模设置"一级分拨中心－二级分拨中心－配送站（营业网点）"三个层次的快递空间节点，分级对应，部分企业也可根据业务量不按级别混合对应，如二级也可以对应较大的网点。为适应不同的传递速度要求，加之不同层级间使用的交通工具不同，快递一级分拨中心之间采用容量大、速度快的交通方式；一级和二级、二级和网点之间采用符合城市要求的交通方式；网点到终端配送则采用电动三轮等较为灵活的小型交通工具。快递一级分拨中心主要承担分拨功能；二级分拨中心主要承担中转功能；营业网点主要承担配送功能。从快递产业链各环节来看与城市规划关系最大的主要就是分拨中心和营业网点。

顺丰、申通、圆通、韵达等大规模的快递企业基本上包揽了北京市 80% 以上的快递业务量，从快递企业一级和二级分拨中心的分布看，各企业的一级分拨中心一般是 1～2 个，基本围绕首都机场和公路货运枢纽布置，二级分拨中心大概有 4～5 个，主要分布在城市的东部和南部地区，在下一级的营业网点根据服务半径和业务量在全市网络化布点。

（2）城市配送。北京市是一个输入型为主的消费型城市，这决定了它的物流业态是以城市配送为主的定位。城市配送主要满足城市居民消费，商超、便利店配送货物等物流需求，城市配送的特征是多品种、多批次、少批量，它是一种末端服务，以城市道路运输为主。作为国际型大都市，北京市城市配送体系复杂，城市配送系统不仅要满足城市经济、居民生活需要，同时还要对城市环境的影响较小。

目前北京市城市配送主要有以下两种模式，第一是企业自建或租用仓储物流设施，由企业主导完成到商超门店的配送，包括物美、京客隆等大型连锁超市采用的就是这种模式；第二种就是外包物流配送模式，比如一些中小企业或便利店没有能力自建物流设施，委托朝批商贸等大型流通经销企业为其配送。委托第三方公司进行物流配送服务的企业较少，一般都是大型的国际品牌才选择该模式。

北京城市配送节点一般分为两个层次来设置。一种是以中转功能为主的城市外围的大型区域配送中心，基本上没有长期储存的功能，仅以暂存或随进随出的方式进行配货和送货的配货中心，典型方式为大量货物整批进入，按一定批量零出。另外一种就是城市内部小型的配送中心，主要体现配送功能。这种配送中心可直接配送到最终用户，且采用汽车进行配送，所以大多数都和零售经营相结合，由于运距短，反应能力强，因而从事多品种、少批零、多用户的配送较有优势。

（3）专业服务物流。北京市以医药、图书、烟草、汽车为代表的专业物流配送居于全国领先水平。医药物流配送服务已覆盖全市数千家医院、连锁药店，并以现代物流信息技术为依托将服务延伸到医院药库，实现从药库到病床的全过程可控管理率；图书物流已形成我国乃至亚洲地区最大的出版物集散中心，存储图书 60 余万种、1500 万册，年配送能力达 3 亿册；汽车物流由北京福田物流有限公司、北京长久物流有限公司等第三方专业物流企业承载，占北京 80% 的市场份额。

专业服务物流主要针对本行业内的末端客户进行服务，加之货品种类比较单一，所以配送的专业化，细分配送的专业化、细分化特点明显，因此专业服务类物流节点数量普遍少，分工明确，一个节点直接对应多个零售网点或终端客户。专业服务类物流集散中心的功能比较综合，仓储、分拨及配送功能兼而有之。北京消费领域服务型物流主要业态类型见表2-3。

表 2-3　北京消费领域服务型物流主要业态类型

物流分类	包括的主要物流组织模式		主要物流活动流向
城市配送	主要服务零售商业，统称城市配送	共同配送、自营配送、第三方配送（主要包括日用百货、农产品、酒水、饮料食品及服装鞋帽纺织品）	B2B（企业对企业）
		冷链配送（包括农产品中的蔬菜水果、肉蛋奶和乳制品、水产品等）	B2B（企业对企业）B2C（企业对个人）
快递服务	快递物流（日用百货、饮料食品、服装鞋帽、文体用品、小家电、数码产品、图像音像制品等），其中也有部分冷链需求。		C2C（个人对个人）B2C（企业对个人）
专业服务物流	特许经营类（医药及医疗器械、烟草、酒水）、连锁经营类（图书音像制品、建材、家具家电、家居家纺、手机数码产品、汽车）、普通零售类（文体用品、服装皮革及纺织品、玩具小商品、日用工业品等）		B2B（企业对企业）

2.1.1.5　北京市物流活动主要分布区域

首都核心功能和大量就业人口目前还主要分布在中心城区；大规模区域性的商业服务中心主要还是集中于中心城区，另外中心城东部的商业设施比西部分布更密集；新城建设规模明显增长的是产业区和居住区，中心城区建设规模和强度明显增长的区域为重点功能区和大型居住区。

除了旧城区部分地区外，中心城目前仍然是物流需求最旺盛的区域，从中心城3~4环向外，总体物流需求逐层递减，但是随着中心城区功能疏解，中心城区的物流需求会比较平缓，而通州、大兴、昌平、房山等区域未来的物流需求会特别旺盛。从各行政区来看，物流需求最旺盛的区域为朝阳区、丰台区、海淀区；物流需求较旺盛的区域是顺义区、大兴区、房山区、昌平区、通州区；物流需求一般的区域是石景山区、门头沟区、密云区、怀柔区、平谷区、延庆区。

据大数据测算，北京市的物流量主要集中在五个方向：正南方向约占38%；

东南方向约占 25%；西南方向约占 17%；东北方向约占 10%；西北方向约占 10%。

2.1.1.6 北京市物流创新情况——逐步推进云仓模式

物流业是融合运输业、仓储业、货代业和信息业的复合型服务产业，在保障城市正常运转、促进产业结构升级、转变经济发展方式等方面都发挥着重要的作用。近十年来，随着互联网线下和线上生活的逐步融合，流通领域商业模式发生了很大改变，物流服务越来越成为居民日常生活的重要组成部分，加之智能化终端设备、大数据、互联网的应用逐步走向成熟，我国的物流行业正从劳动密集型向技术密集型转变，由传统模式向现代化、智能化、专业化升级。

1. 商贸物流体系标准化建设持续推进

按照《北京市物流业提升三年行动计划（2018—2020 年）》要求，积极以城市物流领域为重点，持续推动物流体系标准化、规范化建设，大力推广门店收货"免验收"模式，发展统一配送、集中配送、夜间配送、分时段配送等多种形式的集约化配送。

当前，带板运输超过 600 万次，业务量显著提高。试点企业库内运输设备、人工效率提高超过 50%，货物周转效率、盘点准确率、仓库空间利用率均大幅提高，货物破损率明显降低，装卸人员成本降低 50%以上。企业新增免验收企业（门店）600 余个，货物装卸效率、交接效率平均提高了 2 倍以上。通过标准化开展北京市首创"无人信任交接""按托订货"等模式，大大提高效率，受到商务部的肯定。带板运输如图 2-5 所示。

图 2-5　带板运输

要实现带板运输，首先要统一托盘标准，托盘的标准化是托盘循环共用的前提。目前，商务部指定的国家商贸流通领域唯一的托盘标准为 1200mm×1000mm。托盘标准具体如图 2-6 所示。

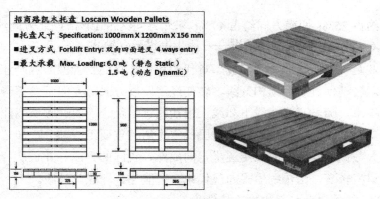

图 2-6　托盘标准

2. 物流运作模式不断创新

物流运作模式不断创新，目前包括自营物流模式、第三方物流模式、共同配送模式、第四方物流模式。根据《北京市物流业提升三年行动计划（2018—2020年）》要求，提高城市配送组织化程度，壮大规模化连锁零售企业发展，大力发展第三方物流配送，提高城市共同配送比例。共同配送是将多个客户联合起来，将来自不同货源的货物集约起来，由一个或多个配送企业对一家或多家用户按指令进行配送。通过"运输规模经济"来降低物流成本，提高物流效率和服务水平。

3. 运输工具绿色、高效

国务院办公厅印发了《推进运输结构调整三年行动计划 2018—2020》（国办发〔2018〕91 号）以及《打赢蓝天保卫战三年行动计划》（国发〔2018〕22 号），需要积极调整运输结构，发展绿色交通体系，其中对运输车辆也进行了规范，提倡绿色货运。对货运需求的推动，使新能源的各类应用在行业内得到迅速发展，太阳能发电技术应用更成为新能源前沿技术在物流快递领域应用的重要发展方向。国家将新能源汽车作为七大战略新兴产业重点发展，仅 2016 年，我国财政针对新能源汽车的补贴和奖励资金就达 223.7 亿元，加上前期研发投入等，预计我国在新能源汽车的投入已达千亿元以上，为新能源货车发展提供了良好资金保障。我国支持鼓励快递行业利用新能源，不断推进绿色货运建设。

地上铁是一家专注于新能源物流车集约化运营的服务品牌，致力于为各大快递物流及城配企业提供一站式的新能源物流车队租赁及运营配套服务，业务涵盖新能源车应用解决方案、充维服务配套、运营支持等各种增值服务。

目前，地上铁公司已针对部分北京市物流所用车型设计了相应的新能源车辆。例如，用东风开普特 EV350 代替 4.2 米长的传统厢式货车，用重庆瑞驰 EC35 代替面包车或者金杯车，用五菱微卡代替三轮车等，如图 2-7 所示。

主要技术指标	数值
载重量/kg	1200
长×宽×高/（mm×mm×mm）	5995×2305×3090
货箱容积/m³	18.6

（a）东风开普特 EV350

主要技术指标	数值
载重量/kg	800
长×宽×高/（mm×mm×mm）	4500×1680×2000
货箱容积/m³	5

（b）重庆瑞驰 EC35

主要技术指标	数值
载重量/kg	1500
长×宽×高/（mm×mm×mm）	4705×2370×2080
货箱容积/m³	8

（c）五菱微卡

图 2-7　物流新能源车辆

4. 物联网、大数据、云计算等新技术引领下的数字化赋能

以物联网技术在智慧物流中的应用为例，物联网技术分别在感知互动层面、物联网应用服务层面还有网络传输层面发挥在智慧物流中的作用。

在感知互动层面，无线传感器，利用无线网络自动、准确地获取到远程物流信息，从而确保检测信息的时效性和准确性；全球定位系统，实时监控物流的配送速度，可以随时查到物流所处的地点，跟踪货物的状态，提前规划运输线路并且随时做出调整，避免浪费时间，影响配送效率；电子地图，提高物流配送准确性、运输车辆的运输速度和效率；对物品进行自动识别，可以提高货物跟踪的准确性，对货物进行智能调整。

在物联网应用服务层面，嵌入式智能技术可用于实现对其他设备的控制、监视和管理等功能。

此外，农产品流通创新过程中，"数字经济"特征明显。比较典型的是新零售类的"数字经济"、追溯平台的"数字经济"、传统流通主体的"数字转型"。

新零售类的"数字经济"：以盒马鲜生为代表，依靠阿里的大数据、移动互联、智能物联网、自动化等技术及先进设备，依据数据分析结果，完成"采购、销售、服务、物流"供应链提升解决方案，实现人、货、场三者之间的优化匹配。新零售最终方案是实现智能零售，即能够在顾客分析、顾客数据抓取、信息有效及时推送、顾客解决方案、后续跟踪服务等方面提供一套完整的智能化方案。为实现这一层面的预测，利用即将普及的 5G 网络，将线上（电子商务）与线下（传统零售）相融合，做到能够从动态的海量数据中识别出微妙的模式。这些数据集包括：消费者的购物历史，产品偏好，购物清单，竞争对手的定价和库存，以及当前和未来的产品需求，真正实现任何人在任何时间、任何地点得到整个网络的信息和贴身服务。

基于云仓的追溯平台的"数字经济"：以全国农产品冷链流通监控平台为例，利用物联网等新技术，对进入平台的冷车、冷链库，按照标准协议，进行温度、载重等工业化数据采集，便于相关物流运营企业和甲方货主，在线了解冷链运营情况。另外，平台将通过自己的数据汇集，按照算法自动生成相关企业或地区的冷库温度达标率、车辆冷链流通率和企业综合温度达标率（动态更新），为甲方货主寻找可信的第三方物流主体提供参考。

传统流通主体的"数字转型"：企业目的是打造全产业链信息平台，提升经营管理水平，如卫岗乳业与北菜园。

5. 创新提升供应链能力

（1）创新提升了农产品经营企业的供应链能力。农产品供应链要获得增值需要在三个方面做出努力，即通过组织整合、信息整合和资源整合三部分完成。组织整合就是供应链建立合作伙伴关系集，信息整合是实现技术的无障碍使用和信息的顺畅流动；资源整合是供应链资源的协调与集约使用问题，特别是物流资源的合理分布和集约使用问题。无论是以北菜园、卫岗乳业为代表的生产型供应链，还是以东疆港大、美菜网为代表的平台型供应链，都在建立并完善供应链信息平台，通过信息化技术、供应链的整合来简化、优化流程。其次，创新企业通过供应链组织成员关系重构，由内部整合、外部整合、供应链协同，实现企业价值提升。如米禾供应链管理公司，围绕西安欣绿农批市场，设立了食材配送、大宗食品进口或集采、餐饮服务承包、社区生鲜超市、农产品电子商务、肉类屠宰与销售、冷链制冰、城市物流配送、食品安全检测服务等业务。

（2）创新迎合了普通百姓对美好生活的诉求。以新零售为代表的生鲜农产品零售新模式，既受到资本青睐，也获得消费者支持。近年来，相关创新企业的 3 公里半小时送达的即时配送使得生鲜消费更加便捷，获得了 33.65% 的消费者支持。而选择这一服务的消费者中，47% 的消费者可以接受每单收取 5~10 元的配送费。且 2019 年以来，前置仓、社群运营等社区生鲜新运营手段，已成为社区生鲜业务亮点。与 2018 在头部企业的带动下前置仓概念刚被接受时不同，2019 年 36%的社区生鲜企业表示有计划开设前置仓。这说明两点：一是生鲜到家已经成为一种刚需，实体零售商也在想尽一切办法满足消费者的这部分需求；二是伴随着移动支付、移动互联网技术的成熟，开通前置仓成本下降。

（3）创新企业从需求端引导产地农产品品质提升、品牌树立。"品质提升、品牌打造"是现下农产品流通创新企业创口碑、获取农产品市场溢价的主要手段，也是农产品电商持续发展的原动力。

如知名电商本来生活，从 2012 年创立之初，打造第一个知名品牌褚橙（云南冰糖橙），本来生活网累计上线销售了来自 22 个省、市、自治区，10 个国家贫困县的 1174 个规格的农产品，涉及 110 品项，销售额超过 3 亿元，产品涵盖蒲江丑柑、红旗坡 100 冰糖心、永仁石榴、内蒙古东方菇娘果、云南野苹果、盐池滩羊等。本来生活网通过原产地直供、源产地溯源的供应链优势，持续助力产地的农产品品牌打造与提升外，也为自己获得较高的市场溢价。以褚橙为例，从基地管理、包装防伪、品质筛选都已全面升级，通过院士团队领衔的智能分选系统，老基地出果率控制在 60%左右，新基地 50%左右。褚橙销售商本来生活网多年来多次到访褚橙种植基地，跟踪全程标准化生产，从种植过程中的农事管理，到严格的采收分选机制，再到商品化，各环节均设定严格标准。与对其拥有独家销售权的蒙自百年古树石榴签订了全程溯源合作协议，今后，消费者只需扫码商品上的二维码，即可看到产地、生产周期、检测结果等。

又如拼多多旗下的"拼农货"体系，通过预售、拼团等方式收集订单，让前端需求有效聚集。在已知需求数量下收购大批农货，然后产地直发，让后端供给有效整合，极大降低了农产品滞销带来的损耗。"拼农货"中的"农货中央处理系统"，归纳了各大产区的地理位置、特色产品、成熟周期等信息，经运算后，系统将各类农产品在成熟期内精准匹配给消费者，使之迅速决策，进行购买，形成规模效应。如今在拼多多上，吐鲁番的哈密瓜从田间到达消费者手中，只需 48 个小时，价格更是低于市场批发价。在上海地区甚至还多次出现某小区通过"拼单"方式包下一片果园的盛况。2018 年，拼多多共培育出 13 款销售百万以上的冠军单品，超过 600 款销量 10 万以上的爆款农货，累计农产品及农副产品订单数逾 9 亿笔。针对农产品一直以"只有产地和品种，没有品牌"的形象，拼多多目前已在云南保山和云南文山先后落户两个"多多农园"，并计划在未来 5 年内，推动落地 1000 个"多多农园"。每一个"多多农园"的落地，都致力于建立特色品牌，打破农产品"没有品牌"的怪圈。同时，基于品牌经营理念，对农产区进行源头把控，从品种选择、改良土壤，到改进种植方法、提升管护水平等，建立一系列规范化的农产品作业标准，从而提升产值和品牌溢价，为产区、农户创造更多价值。

2.1.2　北京市物流业发展的制约因素

1．物流组织模式陈旧、散乱，不能适应商业领域和流通领域的变革

传统小、散、乱，各自为政的低效物流组织方式无法适应消费流通领域的变革，难以支撑首都城市多样化、个性化、大体量的物流需求，不利于城市总体效率的提升。

共同配送、专业的第三方或第四方物流企业进行物流服务等组织化程度高、发达国家主流的物流服务方式在北京发展缓慢，总体占比低。

受电子商务和新零售的冲击，物流的时效性、精细化程度和智能化要求很高，依靠低人力成本的传统物流方式难以为继，需要更加精细、智能和高效的物流运作方式。

2．物流设施规范化水平不足，标准化物流设施需要进一步建设

物流行业税收贡献有限，加之受建筑规模增减挂钩影响，各区政府普遍不欢迎物流设施在本区落地，物流设施存在"拿地难""没地建"等问题。

全市自发形成的物流设施数量多，是社会物流资源自动配置的产物，但是没有合法手续，企业不敢投入太多资金进行硬软件改造，导致这类设施存在各种安全隐患，使用效率也不高。

全市仓储型物流设施和库房数量多，而分拨配送型物流设施数量少，不适应当前城市发展的需要。加上大型物流节点分布不均衡，进入门槛高，难以发挥有效的外围截流作用。

大多数物流设施使用粗放，平层库居多，信息化程度不高，缺乏仓储运输、交易展示、包装加工、信息金融等综合服务功能。

3．交通运输方式单一，物流交通组织和货运通行政策尚需完善

公路、铁路、航空等各种运输方式之间融合不够，长期依靠公路运输，铁路运输优势发挥不足，多式联运、甩挂运输等现代物流运输方式没有得到广泛应用。

各类货车、电动三轮车数量多，难以管理，对城市交通、安全和环境方面的不利影响越来越大，而规范的新能源车的普及和使用存在较多困难。

现行的货运通行政策相对简单粗暴，缺乏精细化的货运交通组织方案和相关的政策制定。

4．物流行业多头管理，管理机制不健全，相关政策尚需完善

物流行业管理部门众多且自成体系，商务、交通、邮政、铁路、民航、海关等部门都有涉及。政府多头管理反而管不好、管不住也不好管。

长期以来各类物流设施的建设运营都以市场行为为主，政府和市场的定位不清晰，政府对物流行业的管理机制不健全，相关政策缺失。

2.2 北京市农产品物流现状

本部分用北京市大型农产品批发市场物流现状来详细描述北京市农产品物流状况，第 1 章已经对新发地、昌平水屯等批发市场进行了描述，本部分不再涉及。

2.2.1 北京八里桥农产品中心批发市场物流现状

北京八里桥农产品中心批发市场由中商企业集团公司和北京潞运通经贸集团共同投资建设，于 1998 年建成开业。市场占地面积 40 万平方米，建筑面积 22 万平方米，营业面积 20 万平方米，建有 66 座规范化交易厅、棚，2800 多个室内摊位。经营蔬菜、水果、水产品、肉禽蛋、粮油、饮料、副食、调料、食品等近 3 万种商品，货源来自全国 20 多个省、市、自治区。八里桥批发市场如图 2-8 所示。

图 2-8　八里桥批发市场

目前，八里桥农产品批发市场主要辐射半径约为 60 公里，销售农产品大约在 1000 吨/天，车流量在 17000～18000 辆/天，来买菜的小散户在 800～1000 人/天。批发的高峰期在上午 6 点半至中年 12 点。其中，销售农产品的营业面积一般为 100～200 平方米，其中冷库面积为 20～60 平方米，在八里桥门店的租金一般为 2.7 元/平方米。果菜车位共有 1100 个，车位年费约为 1500 元/个。商户一般经营十几种到几十种农产品，主要包括蔬菜、米面、粮油、肉、蛋等，经营额一般在

3000 万。客户一般为食堂（政府机关事业单位）、超市、饭店。客户一般是老客户，新增客户极少。所以客户一般是用电话或者微信联系，订货下单，而很少来现场看货。在商户和客户商定购买数量及价钱后，70%～80%的客户会让商户进行配送。在配送时，商户用自有物流车辆将货物给客户配送到门店，自有物流车辆中京牌车多。载重一般是 10 吨和 5 吨，其中，10 吨的车数量占三分之一，5 吨的车数量占三分之二。大商户一般有 10 辆左右厢式货车用于农产品配送。小摊贩没有物流车辆，会选择用三轮车进行配送，大部分满载率较低。蔬菜、肉、蛋的周转周期一般为 1 天。在整个出入库的过程中，基本是整箱进整箱出，无拆箱过程。商户有固定的上游供应商，上游供应商一般位于北京、河北、天津等地，例如：葡萄主要来自顺义、大兴，土豆主要来自张北。部分商品从其他省运进北京，例如：苹果主要来自山西、辽宁，香蕉主要来自广西。这些供应商在配送时会提供农产品的检验证，八里桥农产品市场也会对第一次送货的上游供应商进行复检，保证农产品的可追溯性。一般小商贩无法提供农产品检验证，需要将农产品带到八里桥市场检验中心进行检验，经判定合格后，再获得售卖的许可。上游供应商送货一般是在凌晨 12 点至早上 6 点，供应商到货后，商户一般在夜里卸货。在运输搬运装卸中，农产品由于都是整箱或者整袋进，整箱或者整袋出，且基本不会有存货，周转率高，因此基本没有货损。每天每个摊位约有 30～40 个客户订购农产品。与上游供应商的交易方式为微信订货群发布采购订单，由供应商自行找取提供的品种和数量来进行配货，从而减少了商户的工作量，提高了工作效率。小摊贩和散户进货交通工具如图 2-9 所示。物流运输车辆如图 2-10 所示。

图 2-9　小摊贩和散户进货交通工具

图 2-10　物流运输车辆

　　据调查，水产区的大户大部分都为批零共存，其中以经营冷冻产品为主的商户其营业面积大约为 29m²，冷库面积为 16m²，经营额大约为一千万以上，主要客户为超市、食堂以及事业单位，其中食堂以及事业单位占了 50% 以上。平均一天的客户数为 10～20 家，基本都为老客户，新客户占小部分，商品的周转周期为 1 周，进货渠道为西南郊玉泉营，交易方式为现货。商户反映未来若实行统一配送会导致缺货现象，无法满足随时需要随时送的要求。冷冻产品冷库如图 2-11 所示。

图 2-11　冷冻产品冷库

　　另外鲜活海产品的经营面积多为 20m² 左右，对冷库需求暂无，客户数为 10～20 家/天，其中 20% 为零售，30% 多会所等单位，有部分配送业务，一般通过闪送来进行，服务的群体多在朝阳以及城市副中心，城市副中心占多数，配送车辆为金杯车。进货基本来自京深海鲜市场、王四营、盛华宏林等地。

　　猪肉大户主要客户来自机关，占 60%～70%，每日客户数为 10～20 户，销售客户通州区占据了 70%～80%，基本都用自有金杯面包车进行配送，一天销售700～800 斤，货品大多来自二商大红门肉类食品有限公司。对于肉类产品大多为薄利多销，配送环节若进行统一，其利润更小，影响其收入。牛羊肉为批发交易，通常早上 6 点前集中到批发交易市场，各商户进行挑选确认各自的货物，最终进行买卖，9 点半全部结束交易。牛羊肉交易中心如图 2-12 所示。

图 2-12　牛羊肉交易中心

2.2.2　北京农产品中央批发市场物流现状

　　北京农产品中央批发市场于 1995 年正式成立，是北京市政府投资兴办的大型农产品批发市场，位于北京西南部的丰台，位置和环境优越。依傍"京九"铁路、四环路、京开路、京良路。东南两公里是南苑机场，北临"京石"高速公路、东可上"京津塘"高速公路，交通便捷，四通八达。北京农产品中央批发市场布局如图 2-13 所示。

　　中央农产品批发市场占地面积 9.13 万平方米，建筑面积 5.18 万平方米，包括 5 座交易大厅、1 座钢结构交易大棚、3800 平方米保鲜冷库及其他铺面房等。经营摊位 1193 间，经营商户 771 户，从业人员达到 6000 余人。以经营特菜、食用菌、粮油、酒水、饮料、小包装食品为主。其中，一级批发商、代理商达70% 以上。

图 2-13　北京农产品中央批发市场布局

　　北京农产品中央批发市场是北京市最大的特种（精品）蔬菜、食用菌批发市场，批发量占北京市供应量的 70%，市场销售的特菜、食用菌来自全国各地，品种丰富，特别是以山东、河北、海南、两广、安徽等地的反季节商品为主，主要供应东北、华北、西北等 18 个省市，并部分出口日本、东南亚。另外，中央农产品批发市场的酒水批发量也占到北京市场份额的 50%，已形成饮料、小包装食品一级批发集散地。

　　1. 食用菌

　　目前，中央农产品批发市场共有 70 多家销售食用菌的商户。据调查，销售食用菌的商户营业面积一般为 30～50 平方米，租金一般为 4 元/平方米。冷库面积为 200 平方米（单个商户在北京市所有食用菌仓库的面积总和），一般是在离农产品 2 公里外的民九城，租金为一手 1.8 元/平方米（含电费），二手为 2.7 元/平方米（含电费）。商户一般经营十几种到几十种菌类，主要是杏鲍菇、金针菇、香菇。经营额一般在 4000～8000 万/年，并且在近两年呈逐年递增的趋势。客户一般为超市、饭店和在农贸市场的自有客户，其中超市占将近一半。商户和客户习惯于现场看货、一手交货一手交钱这种线下面对面的交易方式。在商户和客户商定购买数量及价钱后，客户一般用自有物流车辆将菌类货物拉走，物流车辆基本为小型货车和 6.8 米、15.6 米的货车。有一小部分客户要求商户配送，在这样的情况下，商户免费送货上门，不过一般只针对于距离中央农产品批发市场较近的商户。菌类的周转周期一般为 3~4 天。现一般是应用"管家婆"软件做出入库单、记账，该软件年服务费为 600 元。在整个出入库的过程中，基本是整箱进整箱出，无拆箱过程。商户有固定的上游供应商，上游供应商一般位于山东、天津、江苏等地，这些供应商在配送时会提供菌类的检验证。上游供应商送货时间为 24 小时，其送货车辆一般是随时进随时出，装卸一般是雇装卸工，具体装卸时间与装卸工人数有关，卸一车货的时间一般在 0.5~1 小时。在运输搬运装卸中，菌类由于都是整箱进整箱出，因此货损不高。商户主要反映现今市场价格受供求关系影响大，需要制定价格调整机制。现为了扩大规模、使资金灵活周转，需要相关的金融服务。每天每个摊位约有 20~40 个客户。未来，在建成黑庄户农产品市场后，预期营业面积为 50~60 平方米，冷库面积在 100~200 平方米，预计未来客户会由于往外疏导人群与商户以及厂家直销等方式使客户流失量大。在商流与物流分离后，需要的配套服务为在交易地点设置电子屏（可以轮流播放菌类产品信息及图片），以便客户更好地了解商户产品等信息。物流车型（大型、用于进货或送货）如图 2-14 所示，物流车型（小型、用于将货物引进商户自有仓库或交易厅）如图 2-15 所示，农产品批发市场的自有冷库如图 2-16 所示。

图 2-14　物流车型（大型、用于进货或送货）

图 2-15　物流车型（小型、用于将货物引进商户自有仓库或交易厅）

图 2-16　农产品批发市场的自有冷库

2.　特菜

目前，销售特菜的营业面积一般为 40～50 平方米，租金为 6 元/平方米。冷库面积为 100 平方米，冷库一般在距离农产品市场 2 公里外的木材市场，租金约为 2 元/平方米（含电费）。商户一般经营十几种到几十种蔬菜，主要是黄瓜、西红柿、辣椒、娃娃菜。经营额一般在 1500 万元。客户一般为各大菜市场（一般是老客户）、超市等，其中超市（京客隆、物美等）占 30%～40%。经营业务主要辐射范围是东三省，在北京的销量仅占总销量的 30%。由于是老客户居多，建立了合作关系并相互信任，商户和客户一般是用电话订货，到摊位购买特菜的少，一般为零散户。在商户和客户商定购买数量及价钱后，采用现金结算的交易方式，客户一般用自有物流车辆将特菜拉走，物流车辆基本为三轮车和小型货车。特菜的保质期时间短，周转周期一般为 1 天。现一般是手工做出入库单、记账，对于记账软件无需求。在整个出入库的过程中，基本是整箱进整箱出、整袋进整袋出

（每袋规格是 10 斤），无拆箱过程。商户有固定的上游供应商，上游供应商一般位于山东、海南、河北、广州等地，这些供应商在配送时会提供特菜的检验证。上游供应商一般用十几米长的半挂货车将特菜运送到中央农产品批发市场，再由商户用三轮车将特菜拉到自己的摊位进行售卖。上游供应商送货一般是在凌晨 12 点至早上 6 点，供应商到货后，商户一般在夜里卸货。在运输搬运装卸中，特菜由于都是整箱进整箱出，因此货损不高。商户主要反映现今市场价格受供求关系影响大，需要制定价格调整机制。未来，在建成黑庄户农产品市场后，预期营业面积为 50～60 平方米，冷库面积在 70～80 平方米。需要黑庄户农产品市场提供一个农产品种类充足的环境，例如大陆菜（大葱、土豆），在特菜购买量小时，可与大陆菜拼凑成一整车进行配送以减少物流成本，从而也为客户提供更周到的服务。箱装特菜如图 2-17 所示，袋装特菜（规格：10 斤）如图 2-18 所示。

图 2-17　箱装特菜

图 2-18　袋装特菜（规格：10 斤）

2.2.3　首农黑庄户冷链物流配送中心预期物流情况

按照《京津冀协同发展规划纲要》，北京市在 2020 年调整退出四环内全部传统农产品批发市场。而北京鲜活农产品流通中心将成为传统农产品批发市场退出后的现代化承接平台。流通中心建成后，与北京新发地市场共同形成保障首都农产品安全供应的"双核"格局。首农黑庄户冷链物流配送中心是为北京鲜活农产品流通中心服务的，北京鲜活农产品流通中心是首农的一期项目，首农黑庄户冷链物流配送中心是首农的二期项目。二者合二为一，可以更好地为北京市农产品物流服务。

1. 首农黑庄户冷链物流配送中心简介

首农黑庄户冷链物流配送中心项目位于中心城东五环外朝阳区黑庄户乡双桥西路东侧、萧太后河北岸，东至通州区半壁店村，西至规划首都机场第二高速，南至萧太后河，北侧紧临在建的北京鲜活农产品流通中心，土地面积 18.35 公顷（约 275 亩），为国有划拨用地，《国有土地使用证》登记在首农食品集团所属北京市双桥农工商公司（2017 年更名为北京市双桥农场有限公司，以下简称"双桥农场"）名下。

首农黑庄户冷链物流配送中心，项目周边辐射区域是北京市人口集中度较高的地区，特别是以东城区南部、朝阳区南部、城市副中心、亦庄新城等为代表的重点地区，具有明显的空间位置辐射优势。北京市东南部的核心区域大多处于该中心的合理配送 25km 范围内，可以经济、高效、安全地满足各类城市物流服务要求。

根据项目功能定位需要，结合区域规划需要，本项目确立"一轴两大带三区"的总体功能布局战略。其中，"一轴"是沿萧太后河景观轴、"两带"分别为两个交通联系带、"三区"是指智慧冷链、城市配送、流通加工三个功能区。其中，冷链存储板块功能集聚区中将建设智能冷链物流设施；分销配送板块功能集聚区中将建设服务城市的智慧分拨及配送作业区，同时将设置大数据信息平台及指挥调度区、定制化物流方案设计区、供应链金融服务区、科技研发等相关功能区域；水产交易流通加工板块将建设专业的交易展销区、检验检疫区、流通加工区等相关功能区域。

2. 首农黑庄户冷链物流配送中心交通区位条件

目前，本项目周边基本交通条件良好，整体拥堵程度不高，为开展城市农产品物流运作提供了良好的外部交通支撑条件，也为各大商户提供了便利。

项目周边道路分别为双桥西路、万子营路、鲁店北路、茶家东路、通马路、京哈高速公路、京津高速公路。其中城市快速路 2 条，分别是机场二高速（80 米，未定线）、通马路（80 米，已定线）；城市主干路 2 条，分别是鲁店北路（首都机场二通道至万子营路 50 米，已定线）、黑庄户东路（40 米，已定线）；城市支路 3 条，分别是规划一路（30 米，未定线）、规划二路（30 米，未定线）、规划三路（40 米，未定线）。

未来，首农黑庄户冷链物流配送中心将形成以冷藏交易、分拨配送、包装加工、商贸展示、办公管理、研发检测、餐饮体验、金融服务、信息服务等多业态融合发展的局面。首农黑庄户冷链物流配送中心作为北京市大型集散中心，经营品类众多，客流量大，给商户带来了巨大商机，而且首农黑庄户冷链物流配送中心还为商户提供了冷库、装卸搬运设备、新能源车辆等相应物流设施，为入驻商户带来了机遇。

3. 共同配送和绿色配送

在首农黑庄户冷链物流配送中心建成后，通过对商户的集中管理、实现共同配送和绿色配送来解决目前的问题，通过与地上铁的合作来缓解北京市交通堵塞问题，提高农产品物流效率，降低物流成本。物流中心将采用统一的集中管理模式。其中集中管理是指对所有商户的集中管理，而不是集权。首农黑庄户冷链物流配送中心对商户的集中管理体现在公用配送中心提供的月台（个别商户有独立月台）、共同配送、公用配套的装卸搬运设施、规定统一的行车路线（配送中心内）等。通过集中管理可实现降本增效和标准化管理。

在集中管理的基础上，要努力开展共同配送管理。共同配送是由多个企业联合组织实施的配送活动。共同配送的本质是通过作业活动的规模化降低作业成本，提高物流资源的利用效率。共同配送是指企业采取多种方式，进行横向联合、集约协调、求同存异以及效益共享。共同配送的优势明显，具体见表 2-4。

表 2-4　共同配送优势分析

从货主的角度分析	从物流企业角度分析
降低物流成本：提高设施利用率，运费负担减轻，可以裁减人员	可以提高物流设施和车辆的使用效率，提高满载率，降低物流成本
扩大营业范围：物流空间可以互相融通，延伸物流网络	为客户提供低成本的物流服务
提高物流服务水平：可以小批量进货配送	可以减少不正当竞争

续表

从货主的角度分析	从物流企业角度分析
促进经营合理化：企业间互相学习，共同提高；减少重复建设；收货人员可以对不同品种货物统一验收	可以缓解交通拥挤
可以缓解交通拥挤	为改善环境作贡献
减轻对环境污染	

　　共同配送的基本形态为：集货配送共同型、共同配送型、线路集货共同型。在黑庄户市场建成后，由于所有商户都位于黑庄户市场内，因此应采用的是共同配送型。实施过程中需要注意的问题主要包括不要泄露合作企业的商业机密、协同配送组织要有好的领导人或协调人、要保持较高的服务水平、要有成本效益目标、搞好商品管理、搞好成本效益分配、要阻止设施费用和管理成本的增长、创造条件取得公司内部的理解和支持。

　　为了更好地将绿色配送的方式应用到首农黑庄户冷链物流配送中心，可以用绿色配送之智慧车联网系统辅助配送中心来解决目前的问题。绿色配送之智慧车联网系统是借助装载在车辆上的车载终端设备，实现在信息网络平台上对所有车辆的属性信息和静、动态信息进行提取并有效利用，根据不同的功能需求对所有车辆的运行状态进行有效的监管，提供综合服务。绿色配送之智慧车联网系统核心功能主要有实时监控、历史轨迹、整体监控、告警处理、规则管理和信息报表。

第 3 章　北京市重点服务区域物流现状分析
——以海淀区为例

本章主要从海淀区物流发展现状、海淀区消费领域服务型物流发展现状及问题、海淀区物流需求特征与特色和海淀区物流业发展面临的制约四方面对海淀区物流现状进行详细描述。

3.1　海淀区物流发展现状

本节主要从海淀区物流行业现状总体水平、交通运输情况、物流主要组织模式和业态、主要物流服务对象四个方面对海淀区物流发展现状进行描述。

3.1.1　海淀区物流行业现状总体水平

2010 年到 2019 年这十年间，海淀区综合经济实力不断增强，主要经济指标呈现出了大幅度增长的趋势。2019 年实现地区生产总值 7217.2 亿元，同比增长7.8%。经济总量的增长为物流业的发展提供了良好的需求基础。2010—2019 年海淀区 GDP 变化情况如图 3-1 所示。

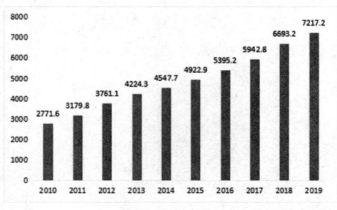

图 3-1　2010—2019 年海淀区 GDP 变化情况

从 2020 年海淀区统计年鉴数据可知，2019 年海淀区交通运输、仓储和邮政业收入为 18756439 万元，交通运输、仓储和邮政业从业人员数量为 98323 人。随着海淀区生产总值、从业人员的增加，物流服务范围不断扩大。

3.1.2 海淀区交通运输情况

目前，海淀区正在加快道路建设改造，提高交通承载能力。优化城市道路网络功能和集配结构，南部地区加密路网、中部地区增加通道、北部地区新建干道。重点优化主要功能区干路网格局，大力推进次支路的建设。"十三五"时期，新增城市道路通车里程 100 公里。海淀区交通网络主要包括城市骨干路、区次支路和关键节点这三部分。下面从这三方面阐述海淀区交通情况。

1. 城市骨干路网建设

推进对外通道建设，提升区域对外疏散能力。加强与周边城区的通达性，推进军温路（海淀段）、京包快速路（北四环－北五环）、西外大街西延、安宁庄北路西延接上地七街等项目建设，开展八家东西线与中关村大街衔接的统筹研究。

提升区域骨架路网通行能力，加快城市干路建设。全面构建"七横八纵"快速路网格局。加快上庄路南延（含西山隧道）建设，完成西外大街西延快速路升级改造以及万泉河快速路北延项目的前期研究。

中心城区重点推进旱河路、巴沟村路、颐和园路、西三旗南路、建材城中路、滨河路、小营西路、石板房南路等现状道路的改扩建。

北部地区加强道路功能与土地利用之间的协调，完成翠湖南路、翠湖东路、上庄东路、邓庄南路、西三旗南路等主干路建设。在完善与中心城联系的基础上，进一步加强与东侧清河集团、昌平南部地区的交通联系，推进滨河路、上庄路北延、上地西路北延等项目的实施，加强北部地区快速路联络线等项目的前期研究。

2. 区次支路建设

完善片区路网格局。树立"窄马路，密路网"城市道路布局理念，优化道路级配，提高路网通达性。"十三五"期间，以减少中心城区主要交通拥堵点为主要目标，实施北部园区和南部城区路网加密，建设巨山路北段、王庄路、树村路、五路居东路等次干路，次支路建设每年完工 10 条以上，加大五环路以内地区次支路的计划项目，开展采石路南北段打通建设的前期研究。新建住宅、园区推广街区制，在北大科技园等开展试点，探索推动单位内部道路向社会开放通行。

畅通片区道路微循环。积极改善城市功能区、大型居住区及轨道站点周边支路系统，中心城区重点打通断头路，并将未建设完成的小区配套市政道路列入建设计划。完成肖家河、五路居等安置房周边道路建设，加快玉泉山地区、香山地区以及潘庄地区配套支路网改造，推进清河火车站周边以及西三旗片区微循环路网改善的前期研究。

3. 关键交通节点疏堵改造

加快立交节点改造。补充快速路之间的"快接快"通道，完善快速路与主干路相交节点的转换功能。配合完成万泉河桥匝道改造等市级疏堵工程；深入研究肖家河桥立交改造方案，解决北京大学宿舍楼交通问题；同时推动开展苏州桥、厢白旗桥、箭亭桥等拥堵立交节点改善的前期研究。

强化常规拥堵点改善。加大疏堵工程建设力度，重点开展瓶颈路拓宽、交叉口改造、道路出入口调整、过街设施完善等项目，强化常规拥堵点改善。加快花园北路、后厂村路改造以及翠微路口等多个交叉口渠化，推进四环路出入口优化方案研究，加快实施上地软件园周边等人行过街设施建设。"十三五"期间完成拥堵节点疏堵改造工程不少于 100 项。例如：被喻为"宇宙最堵之路"的后厂村路，大修后实现三上三下通行功能，下一步将通过信号灯改造实现"智慧疏堵"。另一大堵点肖家河桥也在抓紧治理，肖家河北街等 6 条道路有望完成建设，缓解肖家河区域交通压力。

3.1.3 海淀区物流主要组织模式和业态

海淀区同北京市的一样，物流组织模式主要包括自营物流模式、第三方物流、第四方物流、共同配送模式等，且物流服务领域与对象主要以流通消费领域为主，流通消费领域主要业态类型包括快递服务、城市配送、专业服务物流、零担快运等几大业态。海淀区是北京市物流需求最旺盛的区域之一。与北京市情况的不同之处在于，海淀区消费领域主要是快递服务业为主。

目前，海淀区物流企业主要集中在海淀区东部和南部。这些物流企业以私营企业和快递型企业为主，尤其是快递企业满足了海淀区的大部分物流需求。海淀区快递企业约 1110 个，快递企业个数占北京市快递总量的 16.1%，占海淀区物流企业的 60%以上。北京市各区快递企业数量见表 3-1。海淀区的物流业务主要满足末端配送的需求，即自我服务的生活、生产需求。

表 3-1   北京市各区快递企业数量

区县	快递企业个数/个	占北京市总快递企业比/%
海淀区	1110	16.1
东城区	200	2.9
西城区	319	4.6
朝阳区	1879	27.2
丰台区	842	12.2
石景山区	106	1.5
门头沟区	67	1.0
房山区	158	2.3
通州区	578	8.4
顺义区	380	5.5
昌平区	471	6.8
大兴区	542	7.8
怀柔区	57	0.8
平谷区	90	1.3
密云县	73	1.1
延庆县	42	0.6

3.1.4   海淀区主要物流服务对象

海淀区主要物流服务对象包括企业及各大厂家、个体商户及个体户。

企业及各大厂家属于物流长期服务对象，分为两种类型：一种是大批量、小批次的运输，这一类货运物流服务需求多属于干线货运物流运输，运输时间长；另一种是小批量、多批次的运输，这一类主要是厂家与一些商家、超市等各大门店之间的运输服务，主要是厂家对于同城内多家门店的货运物流配送服务。目前，海淀区共有规模以上商业企业 142 家，这些规模以上商业企业均是海淀区物流服务的对象，规模以上商业企业是指年商品销售额在 2000 万元及以上的批发业企业（单位）和年商品销售额在 500 万元及以上的零售业企业（单位），部分名单见表 3-2。海淀区共有蔬菜零售网点 1000 多个，20 平方米以上的有 593 个，基本实现了社区全覆盖。这 1000 多家蔬菜零售网点也是物流服务对象。

表 3-2　规模以上商业企业名单（部分）

序号	企业名称
1	北京翠微大厦股份有限公司（7 家店）
2	北京双安商场有限责任公司
3	北京城乡贸易中心股份有限公司
4	超市发连锁（65 家店）
5	欧美汇购物中心
6	新中关购物中心
7	华润五彩城购物中心
8	蓝景丽家大钟寺家居广场市场有限公司
9	北京锦江麦德龙现购自运有限公司
10	物美集团（圣熙 8 号购物中心、物美超市连锁、美廉美超市连锁）
11	北京嘉事堂连锁药店有限责任公司（32 家店）
12	北京蓝色港湾购物中心五棵松店
13	金源新燕莎 Mall
14	华熙国际（北京）文化商业运营管理有限公司
15	北京华宇时尚购物中心有限公司
16	光耀东方时代广场（食宝街）
17	华光商厦有限责任公司
18	印象城购物中心
19	凯德精品购物中心
20	燕莎友谊商城、燕莎金源店
21	爱普奥特莱斯名品服饰广场
22	北京居易室美饰品市场有限公司
23	玛格纳枫蓝购物中心有限责任公司
24	北京京粮物流有限公司（京粮广场购物中心）
25	爱家国际收藏
26	北京华联商厦股份有限公司
27	家乐福商业有限公司中关村广场店
28	家乐福商业有限公司方圆店

序号	企业名称
29	家乐福商业有限公司定慧寺店
30	家乐福商业有限公司大钟寺店
31	居然之家金源店
32	北京集美家具
33	红博馆
34	北京华联万柳购物中心
35	上地华联购物中心
36	悦茂购物中心
37	北京黄山图片社
38	五棵松摄影文化苑
39	沃尔玛五棵松店
40	沃尔玛世纪城店
41	苏宁云商（苏宁门店）

个体商户及个体户，这一类群体，也是货运物流企业的主要服务群体，虽然这一类客户的货运量可能很小，但是这类群体的服务范围广，运输批次大，并且对于货运物流服务的需求也较大，尤其是在各大电商活动时期，这类客户对于货运物流服务的需求异常火爆。

3.2　海淀区消费领域服务型物流发展现状

北京物流由消费领域服务型物流、生产及建筑领域服务型物流、维持城市运行的保障型物流和特殊类物品物流四大类构成。北京特大型、输入型、消费型城市特征明显。从保障支撑首都战略定位，服务居民生活出发，明确消费领域服务型物流作为规划重点关注和落实的物流类型。消费领域服务型物流分为城市配送类物流、快递服务类物流和即时服务类物流等。目前农产品也是通过这三种物流服务海淀区的。具体见表3-3。

表 3-3　消费领域服务型物流构成

物流分类	主要货品种类	现状概括及特点
城市配送类	米面粮油、蔬菜水果、肉蛋奶和水产品、日用百货快消品、手机数码产品、饮料、糖果、糕点、调料、茶叶以及各类副食品等	以城市行为为主，传统的物流商贸企业，交通运输企业以及"互联网+"背景下快速发展起来的快递企业是主要的服务运营商；
快递服务类	除了禁寄物品、邮政专营的信件及汽车、建材等大件物品外，涵盖其他各类生产生活品及信息载体	准入门槛相对较低，现存问题也较多，对中转、分拨及配送场地的空间需求大，配送时效要求高、配送终端复杂
即时服务类（规划内容不包括）	不经过仓储和中转、直接门到门的送达服务，主要以餐饮、水果、饮料、点心、鲜花为主	

本部分将从城市配送类、快递服务类和即时服务类三方面对海淀区消费领域服务型物流发展进行现状描述并分析其优缺点。

3.2.1　海淀区城市配送类物流发展现状

城市配送类物流主要服务的货品类包括米面粮油、蔬菜水果、肉蛋奶和水产品、日用百货快消品、手机数码产品、饮料、糖果、糕点、调料、茶叶以及各类副食品等。本部分主要从海淀区农产品物流、水产品物流及日用百货消费品物流三方面来对海淀区城市配送类物流发展现状进行阐述。

3.2.1.1　海淀区农产品物流发展现状

据北京市统计年鉴数据知，2013—2019 年，海淀区农产品产量呈逐年下降趋势，如图 3-2 所示。海淀区是北京市典型的输入型区域，大部分海淀常住人口生活所需的农产品需由其他区或者外省满足。

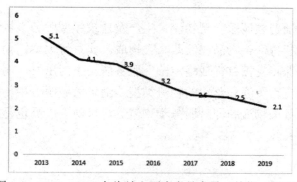

图 3-2　2013—2019 年海淀主要农产品产量（单位：万吨）

农产品物流是物流业的一个分支，指的是为了物流业的一个分支从生产者到消费者之间的物理性流动。就是以农业产出物为对象，通过农产品产后加工、包装、储存、运输和配送等物流环节，做到农产品保值增值，最终送到消费者手中的活动。

末端物流系统建设促进了海淀区农产品末端物流发展。海淀区十三五规划中提出，继续实施好海淀区菜篮子工程三年行动计划，扶持售菜面积 20 平方米以上的蔬菜网点 700 个，推进以驻店经营为主、直通车进社区为辅、网上配送为补充的蔬菜供应保障体系建设。鼓励企业打造便民服务 O2O 商业模式。进一步规范整合末端配送网点，深入推动校园、社区、写字楼、集中办公区等快递服务工作的有序开展，支持利用社区服务资源建设末端配送中心、服务站点。加快推进四道口二商西郊冷库、京粮粮库和超市发配送中心的业态升级，提高集约化水平。着力构建规范化、连锁化、便利化、品牌化、特色化、电商化的现代商贸服务体系。

海淀区目前正在逐步提升农产品末端物流的便利性，疏解末端物流压力，为农产品构建绿色环保、方便快捷的城市配送环境。比如海淀区邮政助力"菜篮子"工程，"首农生鲜"在社区设立自提点，社区内设立无人售货柜，蔬菜直通车进社区等。根据实际调研情况及居民反映，"菜篮子"工程的邮乐购及蔬菜直通车比自提点与无人售货柜更能给居民带来便利，且商家盈利性更大、风险更小。

1. 海淀邮政助力"菜篮子"工程

自 2017 年 3 月起，海淀邮政有了新业务。海淀邮政现在不仅可以寄信，还可以买菜。作为试点，颐和园支局便民菜站率先营业，并拿出 20 多平方米作为蔬菜销售区。海淀区分公司所属 17 个支局 107 个网点及部分邮储支行网点试运行"邮乐购海淀菜篮子连锁店"，共开设 80 多家菜店。

邮乐购由中国邮政与 TOM 集团携手呈献，是一个结合高端线上网购和线下零售于一体的独特创新购物服务平台。中国邮政的线下网络覆盖全国，并且拥有完善的物流系统及代收货款一体化平台。TOM 集团在电子商务领域具备丰富的经验、先进的科技及应用。双方互为裨益，邮乐购将为买家和卖家提供一个不一样的安全、可靠、虚实合一的网购体验。

之前，颐和园支局试运行一个多月，共销售菜品 97 种，服务约 2000 余人，累计销售 2 万余元。紫竹院店试运行一个多月，共进菜及水果约 2.1 万元，蔬菜品种达三十余种，售菜面积已达 40 平方米。章丘的大葱、张家口的土豆、胡萝卜成为颇受老百姓欢迎的"明星菜"，也成为居民餐桌上的家常菜了。这些经过前期考察，有良好信誉的溯源追溯地进来的新鲜蔬菜和水果极大地满足了周边群众的购菜需求，得到周边居民认可。邮乐购连锁店如图 3-3 所示。

图 3-3　邮乐购连锁店

邮乐购线上销售商品齐全，包括全国各地的特色美食、美妆养护、厨卫清洁、家居生活、手机数码、家用电器等。在顾客下单后，邮乐购通过邮政快递将产品送到消费者手中，实现了 TOM 公司和邮政公司的利益最大化，为顾客提供了优质服务。邮乐购网站如图 3-4 所示。

图 3-4　邮乐购网站

这是海淀邮政利用邮政特色，将"政府菜篮子工程"与邮政普通服务有机结合，配合区商务委开展工作，增加邮政服务能力的重大举措。目前，海淀邮政计划开设 3 家面积在 100～200 平方米的邮乐购海淀菜篮子连锁店。根据周边居民需求，在有条件的网点已开设若干家 20～40 平方米的连锁店，在 66 家邮政储蓄支行提供金融客户优惠购买蔬菜等服务。

除颐和园网点外，还调研了北医三院附近的邮乐购。该网点为了更好地服务周围客户，营业时间为早上 8 点半至晚上 10 点，客流量有 7 成为周围社区的老年人。和颐和园网点一样，销售的菜品全部来自商务委提供的联合采购平台，都是产地直供，物流均由邮政提供。不同之处在于，该网点目前只做线下，只针对到店来的顾客，不涉及流动餐车售卖、网上订菜等业务。该网点提供会员制，注册会员时消费者一般充值 100 元，会员价比售价便宜 30%，不少消费者为此注册了会员。北医三院处邮乐购如图 3-5 所示。

图 3-5　北医三院处邮乐购

2. "首农生鲜"在社区设立自提点

首家落户海淀的"首农生鲜"中关村店 2017 年 4 月开业，已成为居民不可缺少的菜篮子。早上 7 点半，位于中关村南路上的"首农生鲜"超市一开门，居民拉着购物车一拥而入。1100 平方米的卖场干净整洁，来自基地的叶菜青翠欲滴。

据了解，该区域住的都是中科院科学家及两院院士，1993 年，街道建设了海中市场。随着时代的变迁，海中市场不仅主营果蔬和日用百货，还兼营缝被子及做衣服。该农贸市场货品来源不一，加上监管不够，存在环境脏乱和食品安全隐患等弊端。2016 年 4 月，海中市场被关停，取而代之的是"首农生鲜"超市。

蔬菜销售区按直供基地划分了区域，蔬菜整齐地码在货架上。菜品绝大部分由首农集团下属的各基地直供。有些菜各基地都有种植，根据情况定价，形成竞争机制，居民购买更实惠。首农超市菜品直供、价格亲民仅是优势之一，更重要的是，首农超市有菜品检验室，品质可追溯、有保障。菜品从首农各基地出来之前，已经过自我检测。超市也设立了快速检查室，由专业人员检验。菜品进入超市后，还会被再次抽检农残等。超市还设立了主食厨房，有馒头、包子以及熟食、寿司等多种食品，如果在规定时间内没销售出去必须下架。

为方便周边老人，"首农生鲜"超市计划在社区建 10～20 处自提点，居民可打电话或在网上下单，也可提前一天到自提点，根据超市提供的第二天菜价和菜品下单。

  但后来首农生鲜超市因一些原因停止营业。据分析，随着周边超市发、果唯伊、果士多生鲜超市等陆续开业，首农生鲜超市的客流量减少了。而且超市发十分具有竞争优势，外部环境干净整洁，内部摆放分区明确，货品齐全，且生鲜包装保鲜效果好，产品可追溯。据实际了解，生鲜产品价格与周围其他生鲜超市价格差不多，甚至比小的蔬菜水果超市便宜。而且超市发实行的会员制，会员价格比售价便宜最多达到百分之五十。这些无疑给首农生鲜超市带来了一定的压力，且首农生鲜超市设置的自提点并未被真正实行和被消费者熟知，也是导致首农生鲜超市停止营业的原因之一。停业后的首农生鲜超市如图 3-6 所示，超市发产品包装如图 3-7 所示，超市发菜价如图 3-8 所示。

图 3-6　停业后的首农生鲜超市

图 3-7　超市发产品包装

图 3-8　超市发菜价

　　生鲜超市在设置自提点时，可参考盒马鲜生在上海设置的自提模式，消费者提前在 APP 上下单，到店后，用取件码直接自提，无需排队付款。

3. 农产品无人售货柜设立

　　（1）"在楼下"无人售货柜。目前，农产品销售商正试图将无人售货柜推进社区，例如在海淀区的一些社区中设有"在楼下"无人售货柜，满足了居民购买蔬菜、水果、牛奶、方便面、鲜花、水等生活用品的需求，如图 3-9 所示。

图 3-9　"在楼下"无人售货柜

商家每天用金杯车从附近的配送中心对蔬菜、水果等生鲜食品进行补货,并取走前一天没卖完的蔬菜和水果,鲜花一般是 3 天补一次货。由于这种销售方式采用了冷藏设施,且每天换货保证水果、蔬菜的新鲜度,因此销售价格比市场价格高出约 20%～40%。但是商家为了当天出清,在晚上 8 点至 10 点开展打折活动,晚 8 点打 6 折,晚 9 点打 4 折,晚 10 点打 3 折。通过打折促销的模式,使这些生鲜产品可以当天售完,从而降低损耗成本,保证盈利,具体如图 3-10 所示。

图 3-10 "在楼下"无人售货柜促销方式、产品种类及价格

(2)"中农富通"无人售货柜。中农富通近两年也将在中国农业大学校区内的零售网点转变成无人售货柜。前几年,中农富通在农大内设立了一个蔬菜零售网点,主要经营农产品十几种。但网点销售品种少、客流量少、人力成本高、利润少,后与校方租赁合同到期,导致中农富通关停了零售网点。中农富通对销售模式进行了改进。

目前,中农富通在农大有两种营销手段。一是发展了团长、店长,通过微信群销售农产品,仅接受团购,不接受个人业务。通过团购使销售量达到一定规模,统一配送,配送时间一般是早上 6 点和中午 12 点,所用的物流车辆是车长 3～4 米的厢式货车。二是中农富通在农大东校区的金码大厦设有无人售货柜,主要服务金码大厦内的工作人员和农大师生以及居民,每天补货,一般补货的车辆是金杯车,由一名员工对该售货柜负责。

4．蔬菜直通车进社区

北京市各类蔬菜零售网点已达 9000 余个，2019 年上半年新增 141 个，培育形成了新发地百舸湾、大农天下、鑫亨原等近 10 家骨干蔬菜直通车企业，拥有近 300 辆蔬菜直通车，走进全市 438 个社区，年服务 200 余万名市民。

"垃圾换蔬菜"的模式已经在我国多个城市试水。早在 2014 年，南京就开始试点市场化运作垃圾分类处理，采用智能垃圾分类积分卡推行"垃圾换蔬菜"。2018 年 3 月，在江苏徐州云龙区的一些小区里，垃圾也可以直接用来换新鲜蔬菜，主要依靠的是大学生村官滕海峰自主研发的平台，在这个平台上，生活垃圾与蔬菜可以进行等价"智换"。2018 年 5 月，厦门市市容环境卫生管理处也发布消息称，设置厨余垃圾置换蔬菜点，市民只要做好更为细致的厨余垃圾分类，就能兑换新鲜蔬菜。

本次调研了位于海淀区石油大院社区的蔬菜直通车，该社区居民人数达 10495 人。用于满足居民日常需求的蔬菜直通车每天供应的蔬菜有百十种，水果 30 多种，平均每天卖 4000 多斤蔬菜。蔬菜直通车从 2018 年 9 月开始每天早上 6 点抵达社区，下午 2 点离开，除了春节期间休息几天，平日里都会向居民提供新鲜、优质的蔬菜水果。蔬菜直通车"正规军"如图 3-11 所示。

图 3-11　蔬菜直通车"正规军"

2019 年 7 月，创新模式下的蔬菜直通车进入海淀石油大院社区，使居民用可回收垃圾来置换农产品，一般可置换的农产品有 12 种新鲜菜果。目前，50 个 500

毫升塑料瓶可以换 3 个西红柿或 2 个圆白菜、1 兜洋葱或 1 兜土豆，1 斤纸盒回收价为 1 块钱，可以等价置换现场所有蔬果，也可以选择换钱。蔬菜直通车"垃圾换蔬菜"置换点如图 3-12、图 3-13 所示。

图 3-12　蔬菜直通车"垃圾换蔬菜"置换点 1

图 3-13　蔬菜直通车"垃圾换蔬菜"置换点 2

蔬菜直通车一般是由车长在早上 4 点去市场上货，这样保证了蔬菜和水果的新鲜度。蔬菜选择常年用量大的西红柿、土豆、黄瓜等，水果也都选择应季的，同时还备好了鸡蛋和大米。蔬菜直通车所提供的蔬菜如图 3-14 所示，蔬菜直通车车长去新发地进货如图 3-15 所示。

图 3-14 蔬菜直通车所提供的蔬菜

图 3-15 蔬菜直通车车长去新发地进货

目前，新发地百舸湾公司已和垃圾回收企业签订了协议，每天垃圾回收企业会派出一辆车到该公司。这样，车长从社区带回来的废旧纸箱等可回收物品也有了去处，同时与社区居委会联系，让居委会帮助向社区居民进行"垃圾换蔬菜"的宣传。这种"垃圾换蔬菜"的方法在一定程度上解决了蔬菜直通车空车出社区而造成的物流资源浪费问题，也解决了垃圾回收问题。

目前，百舸湾公司有近百辆蔬菜直通车，车载蔬菜直销已经覆盖到朝阳、海淀、西城、丰台、石景山等 200 多个小区，覆盖周边小区 600 余个，如果"垃圾换蔬菜"模式能够铺开将形成规模效应。蔬菜置换点记录数据如图 3-16 所示。

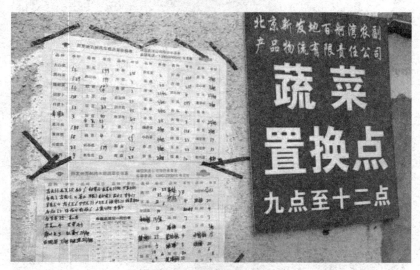

图 3-16　蔬菜置换点记录数据

目前，蔬菜直通车已经进入了海淀区的上百个社区。例如枫丹丽舍小区、北医社区等。本次也调研了位于北医社区的蔬菜直通车。根据花园路街道办事处推进社区菜篮子工程的要求，为方便辖区内居民购买放心蔬菜，医学部于 2018 年底引进海淀区的社区服务商"北京蔬心食客云柜科技有限公司"直通车，开展便民售卖服务。售卖时间为每周二、周四、周六早上 7 点至下午 4 点，售卖地点 20 号楼前小广场。

据实地调研发现，该蔬菜直通车与石油大院的有所不同，该蔬菜直通车是由一对夫妻独立经营，女的负责售菜，男的负责称重及摆货。售卖的蔬菜主要是夫妻两人在房山自己种植。但为了满足社区居民多样化需求，也会从新发地进一部分精品蔬菜水果，也会从房山附近的河北涿州、保定收购一些。买菜的人有九成为中老年人，而且因为这儿的菜便宜和新鲜，不少老年人拉着小型购物车走 1～2公里的路来这里购买。这儿的货品受附近社区居民的喜爱和欢迎，一般当天售完。目前，夫妻俩除了在北医社区网点售卖外，还在中央团校、中国青年政治学院家属区售卖。一般是每周一、周三、周五、周日在中央团校、中国青年政治学院家属区售卖。北医社区内的蔬菜直通车如图 3-17 所示。其他情况如图 3-18 至图 3-20所示。

图 3-17　北医社区内的蔬菜直通车

图 3-18　自家种植的蔬菜

图 3-19　从新发地采购的蔬菜

图 3-20　从河北涿州采购的蔬菜

3.2.1.2　海淀区水产品物流发展现状

目前，海淀区大型批发市场是北京四道口水产交易市场，本部分以该批发市场为例。

北京四道口水产交易市场地处北三环大钟寺商圈，交通运输十分便利。市场占地面积 54000 平方米，拥有仓储冷库 104413 立方米。四道口水产市场如图 3-21 所示。

图 3-21　四道口水产市场

该市场中包括干品厅、冻品厅、海鲜厅、鲜肉厅、调料厅、酒店用品厅 6 个交易大厅和精品专卖店 40 个，是集仓储、批发、零售、网上交易于一身，集鲜活水产品、鲜肉、冷冻品、干品、调料品、酒店用品、人造冰和烟酒销售为一体的大型综合性农副产品批发市场。为保障食品安全，北京四道口水产交易市场先后投资筹建了安全监控中心、食品检测中心、结算中心、信息中心、物业中心、物流中心。四道口水产交易市场布局图如图 3-22 所示。

图 3-22 四道口水产交易市场布局图

我们对其中一家冷冻商户进行调研，该商户营业面积 40 平方米，冷库面积有两层，共 1600 平方米，高度 6 米，内部没有货架，直接堆放货物高度 4.5 米，具有一定危险隐患，货物底层也没配置防潮工具，在冷库与室外连接处，会存放储存环境为 15～18℃的商品，实现空间的充分利用。冷库与室外连接处如图 3-23 所示。仓库内部储存方式如图 3-24 所示。

图 3-23 冷库与室外连接处

图 3-24　仓库内部储存方式

　　另外，该商户在高碑店建设约 10000 平方米的自有冷库，并配有 7.5 米的高层货架。产品主要为冷冻的鸡副产品和鸭副产品还有部分冰鲜品如鸡胸，该商户的冰鲜品占四道口市场的 80%，该商品储存环境要求 4～5℃，年经营额达到两亿多元。现有库存量不到 2000 吨，每天出货量 50～60 吨，周转周期为 15 天。

　　该商户的客户主体主要是超市和终端用户，其中北京客户多为海淀区、昌平区、西城区、朝阳区的客户，还有周边地区如张家口、赤峰的客户。整个流通模式为：厂家－该商户－超市供应商－超市。市场运输车辆如图 3-25 所示。

图 3-25　市场运输车辆

　　上游厂家固定，鸡肉主要来自山东、东北和福建，上游送货至商户是由该商户负责物流费用，全程冷链通过 12 吨的冷藏车整车送货，晚上到，进行人工卸货，一车货雇用 6～7 人一个小时便可卸完，以托盘中的个体箱子为单位，从冷链车搬运至商户自有地牛，再移动至冷库，托盘再归还给上游厂家。具体情况如图 3-26 至图 3-28 所示。

图 3-26　装卸搬运现场

图 3-27　短途运输工具

图 3-28　仓库等待作业工人

　　整个物流过程相当琐碎，如果上游企业实施商品标准化，并实现托盘的周转，以托盘为单位进行装卸，将大大提高效率。整个物流过程基本不会产生商品损耗。该商户到下游每天是由 100 多个金杯封闭面包车来拉货，每个金杯车满载可装 2 吨货物，其中商户也自己送一部分货来供应事业单位，平均每天 1～2 家。

3.2.1.3　日用百货消费品物流现状

　　本部分以永辉超市为例。永辉超市是中国 500 强企业之一，是国家级"流通"及"农业产业化"双龙头企业，是我国首批将生鲜农产品引进现代超市的流通企业之一，被百姓誉为"民生超市、百姓永辉"。永辉 mini 店以店仓的形式与其配合，同时还会根据不同品类为该平台设独立的前置仓。按照规划，永辉 mini 将在全国开设 800 家门店和 200 家独立仓。目前，永辉超市在北京一共有 44 家店，海淀区共有 10 家。

　　目前，负责为北京市、天津市的 52 家永辉超市门店提供货物配送及仓储服务的是京粮物流中心（马驹桥中心）。该物流配送中心位于北京通州区马驹桥，涉及的产品数量达永辉超市目前销售商品的 70%。其占地面积约 25000 平方米，位于六环以外。

　　京粮物流中心（马驹桥中心）现在拥有 36 辆送货车，基本为城市配送的厢式货车，载重一般在 3～4 吨，且实现一车一证。永辉超市销售的大部分商品从供应商库房运输到该马驹桥中心进行集结，然后由该中心给各门店进行配送。在给永辉超市配送时，有固定路线，在每条路线上有一定数量的永辉超市门店，即一辆物流车辆拉几家超市的货物，并进行配送。

  在整个物流过程中，京粮物流中心（马驹桥中心）采用了立体化仓库，减少了占地面积，节省了仓储费用，装卸搬运工作高效。据调研，该物流中心的商品基本是成整托盘状，方便入库和出库时装卸搬运，也便于工作人员清点商品。在装卸搬运时，该物流中心使用电动叉车，节省了人力成本，提高了工作效率。立体化仓库如图 3-29 所示，具体情况如图 3-30 和图 3-31 所示。

图 3-29　立体化仓库

图 3-30　商品成整托盘状

图 3-31　电动叉车进行商品搬运

而且，永辉超市孵化的线上平台"永辉买菜" APP 已在北京上线。目前所售商品包含水果、蔬菜、水产等生鲜品类，同时还有保健、母婴、零食、酒水等，共分为 18 个品类，承诺 30 分钟内送达。注册成功后，新用户能收到多张优惠券，共计 188 元。线上与线下结合为顾客带来了便利，也为永辉超市获得了更大的市场。永辉买菜 APP 目前除了华北、华东、华南三地分选中心外，已在全国 8 个城市建立了 165 个社区配送中心，保证 1 小时内将商品送到 3 公里范围内的用户手里。

3.2.2　海淀区快递服务类物流现状

1. 智能快递柜解决快递"最后 100 米"难题

近年来，随着电子商务的发展，快递量呈递增的趋势。一些快递员在路边摆摊设点收发快递，挤占道路、影响交通，造成局部地区秩序混乱。海淀区目前通过在社区、商业区、集中办公区等领域设置智能快递柜来解决快递影响交通和周边环境问题，促进海淀区社区末端物流的整合和规范发展。具体如图 3-32 和图 3-33所示。

据调研，在北京交通大学门口，一排排整齐的快递柜前，不时有学生前来取快递。他们只需要拿出手机，通过验证，便可以取走自己的快递。不像以前，学校门口的快递员会不停地发信息催师生来取件。北京交通大学设置的快递柜给师生及居民带来了便利。北京交通大学智能快递柜如图 3-34 所示。

图 3-32 快递配送影响交通

图 3-33 智能快递站

图 3-34 北京交通大学智能快递柜

目前，中国农业大学校只有天猫超市的快递在学校附近的天桥底下发件，其他快递均由快递员投放在"近邻宝"智能快递柜中。但两种发件方式均不影响农大附近的交通。社区、商业区、集中办公区等领域设置了中邮速递易、e栈、丰巢、乐栈等品牌的智能快递柜来减少快递对交通和周边环境的影响。

2. 快递营业点进校区

值得一提的是，京东与北京科技大学于2017年开始进行校企间合作，京东在北科大建立了"京东派"营业点。此营业点位于北科大南门口，物流设施包括智能快递柜、京东配送专用三轮车、快递搬运专用笼车等。具体如图3-35和图3-36所示。

图 3-35　京东在北科大的营业点

图 3-36　京东在北科校园内所用的配送车辆

京东物流还与北京科技大学达成战略合作协议，就 5G 技术在物流行业的潜在应用研究达成合作，双方合作共建的智能物流研究中心也正式揭牌。京东与北科大在科学研究、人才培养、社会服务、创新创业等方面开展深度合作，并共同打造智能物流研究中心。同时京东物流表示，将推动配送机器人、无人超市等项目在北京科技大学校园的落地。双方将共同建设联合研究院以及协同创新平台，成立联合实验室，带动校企双方理念创新、技术创新、模式创新、机制创新，并针对当前物流领域的新技术、新装备和新模式开展深入研究。

3.2.3　海淀区即时服务类物流现状

北京是中国最密集的零售产业聚集区，也是消费者需求最旺盛的区域。盒马鲜生自创立来不断创新，带动着整个行业的快速发展，盒马鲜生首创了生鲜产品手机下单 30 分钟快速送达，线上线下一体化体验，生鲜现场消费现场制作等新零售模式，带动整个行业自 2018 年开始快速发展和变革，苏宁、京东、美团、每日优鲜、叮咚买菜等快速跟进，生鲜零售行业得以快速进入新零售模式的探索中，对中国零售模式的变革起到了带动作用。

从目前农产品线上销售市场布局来看，在北京市场中有占据优势的前置仓模式品牌每日优鲜，新零售业态代表盒马鲜生，永辉也在永辉生活 APP 之外，新测试了永辉买菜 APP；同时饿了么、美团等平台也打起了菜场小商贩的主意，便利蜂也在其 APP 上线了 1 元菜场。调研数据显示，每周购买 1 次以上的生鲜网购用户占比达 63.8%，其中每周购买 2 至 3 次的用户占比为 28.6%，线上菜场具有巨大的盈利潜力。就目前形势来看，"线上菜场"竞争激烈，各方都想要挖掘已有用户的消费潜力，并借助新业务吸引更多消费者。线上销售业务一般属于即时服务类物流，无需中转，商品直接从前置仓、门店等送到顾客手中。本部分以盒马鲜生前置仓站点为例。

盒马鲜生物流现状如下所述。

新零售行业作为从 2016 年开始兴起的行业，在传统电商之后，掀起了一波探索模式、鼓励创新的热潮，而盒马鲜生正是阿里巴巴集团旗下，在不断创新突破的排头兵。

盒马鲜生于顺义设立的产业基地，集商业结算、采购结算、供应链运营与研发加工于一体，不仅仅是盒马的供应链中心，也是盒马的商业创新和研发中心。

2019 年，盒马鲜生在原有的新零售模式上不断思变，在上海开出了盒马菜场、盒马 F2、盒马 PINK GO、盒马 MINI 等多种业态，同时又在深圳设立 40000 平方米的盒马 Mall，试水新零售对于百货业的改造。基于消费者的日常生活需求，从早餐到生鲜产品，从 40000 平方米综合体到 500 平方米社区店，盒马的创新模式正在让零售行业发生着快速的变革。盒马在体系上的确做到了"全体系、全覆盖"。

目前国内生鲜供应链链路长，往往经历多级批发，生鲜产品冷链体系不健全，导致链路损耗大，产品质量难以控制。国内农产品往往通过 2 级批发才流向菜市场，损耗大，需要从链路上再造。盒马通过产业基地建设，实现农业的产业化计划生产，生鲜产品的快速加工和流通，满足消费者对于优质生鲜产品的需求，同时能够带动区域的优质农产品从粗放型加工到产业化生产。盒马期望通过产业基地建设，简化流程，实现生鲜消费的本质：优质产品高效流通。盒马鲜生通过全国冷链网络的建设，加快全国优质生鲜产品流转，能够将北京区域的优质农产品，通过盒马的全国网络，输送给全国各地的消费者。

盒马鲜生通过数据化运营，提升产品从生产到销售的全链路数字化管理，同时通过冷链自动化设备的大量投入，打造智能化、高效化的生鲜供应链。

通过链路再造，降低流程中的损耗，提升产品效率，减少浪费，让更多产品到达消费地。

通过全国网络的布局，实现网络化的布局，将最好的生鲜产品通过最短的冷链供应链快速送达消费者手中，实现消费升级。同时带动区域农民和农业发展。

盒马是超市，是餐饮店，也是菜市场，但这样的描述似乎又都不准确。消费者可到店购买，也可以在盒马 APP 下单。盒马鲜生门店配送服务半径为 1.5 公里，保障了顾客在 30 分钟内收到商品。盒马鲜生优势如图 3-37 所示。

图 3-37　盒马鲜生优势

在调研中发现，盒马鲜生为更好实现盒马 APP 线下配送服务，在临近社区、商业区、学校等区域大规模设置前置仓站点，计划实现前置仓服务整个北京市，实现"最后一公里"配送。该前置仓站点与以往门店有所不同，其只有线上销售、仓储和配送等模块，没有线下销售模块，即该站点只用于中转，而不用于经营。而盒马采用该"前置仓"业态有两方面原因：一是会降低房租、人员和管理成本，便于广泛布局，快速投入；二是较之大店业态成本更低廉，密度更大，菜价更便宜，更快速到家，满足大众的消费需求。

目前，盒马已在通州区布局了 30 多个前置仓站点，在朝阳区布局了 10 多个前置仓站点，未来将在海淀区也设置多个站点，实现全方位覆盖海淀区。

本次调研的盒马鲜生前置仓位于朝阳区华龙美树小区，盒马在该小区租赁了一间 300 平方米左右的商业用地当做配送中心。仓库内货品种类齐全丰富，同盒马 APP 线上商城种类基本一致。仓库内对于肉禽蛋奶、生鲜瓜果、米面粮油等商品分区码放，针对肉禽、时蔬、农果等易腐坏、难保存的品类配有冷库和冷藏柜，采取不同温度进行储存，尽可能保持其鲜度、降低其损耗。

社区站点仓库存放的货物均由盒马在顺义区南彩的库房统一用具有冷链装置的厢式货车配送，车辆载重一般是 3~4 吨。每天会有专人去站点仓库盘点剩余库存，并根据每天线上平台各品类销售数量，制定次日相应的补货计划。次日凌晨 5 时，盒马大仓工人根据补货计划，在大仓进行集中配货。调查得知，应是出于节省成本的原因，大仓雇佣小时工完成备货和装卸工作，并非自己内部人员进行相关业务操作。

由于布局站点的仓库仅限于满足线上 APP 点单对应商品的配送，能够很好控制并预测出每天对仓库的补给量，故每天只有一趟配货补给，并于每日上午的 8 时到 9 时之间完成配送，在货物数量和顾客下单时间方面均能达到满足。不足之处是，配送车辆仅是普通集装箱货车，未配置冷冻、冷相相应功能，未达到冷链配送要求。盒马鲜生前置仓如图 3-38 所示。

图 3-38　盒马鲜生前置仓

　　现盒马前置仓站点的仓库配送辐射半径为 1.5 公里，在每一个站点配备 20 个配送人员负责配送，配送所用的物流车辆一般为电动自行车。

　　盒马 Pick'N Go 第一家店在上海黄浦区哥斐中心 B2 层开业，定位是可以让消费者打包带走的快取小站，比较理想的消费场景是消费者在地铁上下单，出地铁口路过 Pick'N Go 时直接扫码拿货。未来，盒马鲜生也要在北京市甚至是海淀区开设盒马 Pick'N Go 这样的自提点，从而方便客户取货且避免了排长队的麻烦。上海盒马鲜生 Pick'n Go 如图 3-39 所示。

图 3-39　上海盒马鲜生 Pick'n Go

3.2.4　海淀区典型社区农产品物流发展现状

　　参考海淀区各街道人口数量、农产品物流发展现状情况等，作者在海淀区选出了 10 个典型社区，通过对这些典型社区的农产品物流和销售发展现状进行调研，从而对这 10 个典型社区农产品物流发展现状进行描述。海淀区 10 个典型社区人口面积及位置见表 3-4。

表 3-4　海淀区 10 个典型社区人口面积及位置

序号	社区名称	辖区面积 /万平方米	人口数 /人	位置
1	安宁里社区	9	2931	海淀区安宁里 9 号
2	电科院社区	6.4	1913	海淀区小营东路 6 号
3	永泰园第一社区	28	6590	海淀区永泰庄路
4	朱房社区	250	3000	海淀区朱房前街 55 号
5	三义庙社区	3.08	3123	海淀区北三环西路 64 号苏州桥东 100 米北
6	海淀路社区	3	3447	海淀区海淀路社区（北京大学南）

序号	社区名称	辖区面积 /万平方米	人口数 /人	位置
7	四街社区	300	2646	海淀区清河街道
8	石油大院社区	40	10495	海淀区学院路 20 号
9	北医社区	9.6	6500	海淀区花园北路 4109 号附近
10	毛纺南小区	20	6896	海淀区清河中街

通过实地调研了解到，海淀区部分社区农产品进货渠道主要来自新发地，同时部分蔬菜来自北京大盛魁北农农产品市场，海淀区居民农产品消费点主要是超市发、幸福荣耀超市和物美超市，三者占有较大比重，其中，通过实地调研，发现幸福荣耀超市崛起势头明显，在超市发和幸福荣耀超市共同的商圈内，幸福荣耀超市的客流量明显高于超市发，这其中除了生鲜农产品价格的优势外，也有经营方法的差异。

3.2.4.1 安宁里社区

安宁里小区成立于 1999 年 11 月 17 日，位于海淀区安宁里 9 号，辖区面积 9 万平方米，常住人口数 2931 人，其中外地流动人口 661 人，所属 15 栋楼，辖区单位 9 个，包括北大医学部、长城润滑油公司、牛奶公司、航天设计院、银燕大厦、五星啤酒厂、华北电力大学、清河军休所和汽修五厂。

经实地调研发现，安宁里社区附近有两个主要的农产品销售点，分别是幸福荣耀超市和新发地菜篮子直营店。其中，幸福荣耀超市距离安宁里社区直线距离小于 1 公里，地理位置优越，且该超市蔬菜水果价格便宜，超过 80%的小区居民习惯于来此购物。新发地菜篮子直营店（安宁华庭店）距离安宁里小区直线距离小于 400 米，但由于农产品品种少，整体价格较幸福荣耀超市较贵，虽然距离更近，但只有约 20%的居民会来这里购买。另外，安宁里小区的早市分别在每周的周三、周五、周日，由于早市不是每天都有，有时不方便居民生活，因此早市并不是安宁里社区居民的主要采购渠道。

1. 幸福荣耀超市

幸福荣耀（北京）超市有限公司成立于 2008 年，注册资本 5000 万元，历经 11 年的艰苦奋斗，幸福荣耀逐渐成为北京市零售行业的中坚力量。幸福荣耀目前拥有综合超市和精品生鲜两种业态，共计拥有门店 33 家，总经营面积超过 11 万平方米，其中综合超市主要定位于中老年客户群体，为其提供物美价廉的民生商品；精品生鲜则定位于青年客户群体，为其提供极致的商品、极致的环境、极致的服务。

　　幸福荣耀成立之初就坚持"以生鲜为核心竞争力"的管理思想，历经十余年的经验积累和团队建设，幸福荣耀已经拥有10000平方米的物流配送中心，近1000平方米的生鲜恒温库和低温库，以及近百辆物流车辆。依托强大的物流体系，幸福荣耀通过基地直采的形式，持续保证生鲜商品的"高品质"和"低价格"。

　　2013年5月，幸福荣耀旗舰店"安宁庄店"盛大开业，营业面积达9800平方米，成为清河、上地、小营地区极具影响力的综合超市。幸福荣耀超市如图3-40所示。

图3-40　幸福荣耀超市

　　幸福荣耀超市（安宁庄店）位于海淀区清河小营桥西安宁庄东路18号，距离安宁里小区直线距离小于1公里，步行约9分钟；且超市内生鲜农产品质量好，价格低，吸引众多周围小区居民。据实地调研了解到，安宁庄店经营状况良好，客流量较大，农产品热销品主要有西红柿、黄瓜、葱、菜花、茄子等品类，日均销量及价格见表3-5。

表3-5　幸福荣耀超市（安宁庄店）热销农产品日均销量及价格表

品类	西红柿	黄瓜	葱	菜花	茄子	芹菜
日均销量/斤	1500	1300	800	1000	1000	1000
价格/（元/斤）	2.55	4.58	0.99	2.99	1.99	0.99

　　幸福荣耀超市拥有近百辆物流车辆，可将农产品配送到各店，绝大部分农产品来自新发地批发市场，另外，幸福荣耀超市在海淀区商务委的引领下，深入与产地对接合作，丰富合作手段。自 2018 年年初，幸福荣耀等企业与内蒙古乌兰察布市察哈尔右翼前旗玫瑰营镇开展合作，减少农产品在各环节的物流成本，以保证为顾客提供物美价廉的农产品。超市农产品售卖区如图 3-41 所示。

图 3-41　超市农产品售卖区

　　安宁庄店拥有超过 100 平方米以上的仓库，包括存储和加工面积，冷库约 40 平方米。由于销量较好，周围竞争对手较少，因此，安宁庄店的农产品周转率非常高，也保证了农产品的新鲜度。超市仓库及冷库如图 3-42 所示。

图 3-42　超市仓库及冷库

2．新发地菜篮子直营店（安宁华庭店）

新发地菜篮子直营店位于安宁华庭小区门口，店铺面积约 35 平方米，销售蔬菜、水果及肉类食品。距离安宁里小区较近，但由于商品种类少，农产品价格略高于幸福荣耀超市，因此，来此购物的人较少。新发地菜篮子直营店店面及内部如图 3-43 所示。

图 3-43　新发地菜篮子直营店店面及内部

该店铺热销品和幸福荣耀超市基本一致，但价格均高于幸福荣耀，表 3-6 是部分热销品的价格对比。

表 3-6 部分热销品价格对比 单位：元/斤

商品名称	西红柿	黄瓜	茄子	芹菜
幸福荣耀超市（安宁庄店）	2.55	4.58	1.99	1.99
新发地菜篮子直营店（安宁华庭店）	2.98	4.99	3.68	2.18

该超市有一辆金杯车，每天早上去新发地采购，店铺内没有存储区域，农产品进店后直接上架，当天产品当天销售，周转率为 1 天。安宁华庭店自有车辆如图 3-44 所示。

图 3-44 安宁华庭店自有车辆

3.2.4.2 电科院社区

北京市海淀区西三旗街道电科院社区位于德胜门外京昌高速路东侧，社区面积约为 64319.48 平方米，共有楼房 21 栋，73 个楼门，共有户数约为 987 户，常住人口约为 1913 人。社区内居住人口以电科院在职和退休职工及其家属为主，此外还包括电科院外聘租房户及零散租房户。本小区东临冶金研究院宿舍北区和总参某部，北面是东升乡前屯村，西侧是机械工业学院、公路四处宿舍西院和一个军队干休所，南面有总参某部和公路四处宿舍东院。宿舍区分南北两院，分别为小营东路 6 号院和 7 号院，以及位于两院内的 3 排东平房、位于电科院办公区西侧的 7 排西平房。

据实地调研发现，电科院社区附近有三个主要的农产品销售点，距离最近的是小区内的智能菜柜——蔬心食客智慧社区微菜场，但目前货柜内的商品品类比较有限，无法满足居民更多需求。电科院社区门口有一家新发地菜篮子直营店，是附近居民主要的农产品购买点，另外，距离电科院社区 800 米处有北京清河镇农副产品交易市场中心，品类齐全，价格实惠，客流量较大。

1. 蔬心食客智慧社区微菜场

智能菜柜 2 米多高，被分为 24 个小格，可以看到里面装着不同的蔬菜水果，有西红柿、丑橘等散装货品，也有樱桃、草莓等盒装水果。每个格子上，都贴着一个二维码。据相关人员介绍，菜柜使用的是"减量称重"的方法，当顾客拿走一定重量的货品后，菜柜会自动用减少的重量，乘以菜柜上显示的单价，算出具体的价格，再通过手机软件自动扣费。如果顾客开柜后，发现没有想买的货品，只要关上柜门即可，软件不会扣费。消费者通过微信扫码需要先充值至少 50 元后才能打开抽屉，拿取所需商品后，关上抽屉系统即可自动完成称重、结算和扣款。不过该智能设备运行起来尚存在不稳定性。比如该货柜目前只有一半处于正常运营。但是，即使是正常运行的区域，抽屉按钮也不灵敏，需要按压多次才能将抽屉关闭。

除设备操作的智能性还有待改善外，到下午五六点钟时该智能菜柜内仅放置有 11 种商品，而不少下班回家的居民手里都已经提着购买好的蔬菜水果。在随机采访中，一位居民表示，货柜内的商品品类比较有限，最多只能满足一些应急性需求，日常生活的多样生鲜消费还是会到社区周边的生鲜超市购买，下班时路过超市顺便购买也比较方便。蔬心食客目前只是每天上午配送补货，所以可能到下午很多货柜在卖完后就空置了，未来等设备数量增多后会根据需求考虑一日两配。蔬心食客智能菜柜如图 3-45 所示。

图 3-45　蔬心食客智能菜柜

自 2018 年 1 月开始，智能菜柜已在五个社区运营，菜柜注册人数已经超过 1200 人，销售量超过 7500 单，平均每日销售额约为 600 元，最高销售额达到过 960 元，平均每单价格约为 12～15 元。

相比直通车、菜店等方式，智能菜柜占地小，基本每个社区都有条件装。与其他解决居民菜篮子的方式一样，智能菜柜可以让居民购菜更为方便，同时还可以解决菜车占地大、扰民、产生垃圾等问题。作为社区"微菜场"的一种尝试，未来将有更多菜柜入驻京城的各大社区，蔬菜进社区的发展空间还很大。2019 年，蔬心食客智慧社区微菜场开展产地合作，实现农超对接，将无公害西红柿、西葫芦等直供北京。

2. 新发地菜篮子直营店

新发地菜篮子直营店位于电科院社区门口，距离较近，如图 3-46 所示。据实地调研发现，该店热销品主要包括西红柿、黄瓜、四季豆、白菜等，具体销量及价格见表 3-7。

图 3-46　新发地菜篮子直营店

表 3-7　新发地菜篮子（电科院社区）直营店热销农产品日均销量及价格

品类	西红柿	黄瓜	白菜	苹果
日均销量/斤	400	400	500	300
价格/（元/斤）	2.98	4.99	0.48	3.50

店铺面积约 100 平方米，无仓库和冷库，主要分为水果区和蔬菜区，蔬菜区面积约占总面积的一半以上，无加工区域，工作人员在货架旁进行简单的流通加工，直营店内部如图 3-47 所示。

图 3-47　直营店内部

据店内工作人员介绍，该店拥有金杯车一辆，凌晨去新发地进货，拉回来的农产品直接上架，当天进货当天销售，周转率为 1 天，能够保证菜品的新鲜度，该店不仅仅卖生鲜农产品，也有部分生活用品，满足消费者的各种需求。夏季由于气温高，居民对水果的需求更高，因此，该店夏季销量明显高于冬季。

3．北京清河镇农副产品交易市场中心

北京清河镇农副产品交易市场中心位于海淀区小营环岛西南侧，距离电科院小区不到 1 公里，大厅春夏季营业时间为早上 4 点至下午 7 点，秋冬季营业时间为早上 4 点至下午 6 点半，交易时间主要集中在早上，主要是附近的老年人来此购买。清河镇农副产品交易市场中心外部及内部如图 3-48 所示。

该交易市场中心交易大厅内分为两排商铺，主要分为四个区域，水果区、蔬菜区、农副产品区和生鲜肉类区。其中，水果区和蔬菜区各有 12 个摊位，每个摊位营业面积约 10 平方米，摊位由个人小商户承包。北京清河镇农副产品交易市场中心大厅平面布局如图 3-49 所示。

图 3-48　清河镇农副产品交易市场中心外部及内部

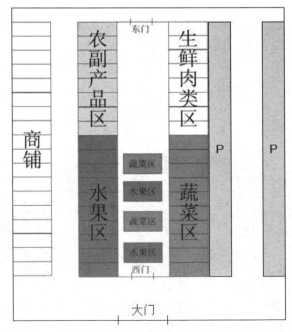

图 3-49　清河镇农副产品交易市场中心大厅平面布局

　　通过调研其中一位商户，该交易市场中心没有仓库，商户们从新发地采购的农产品直接售卖，车辆为金杯及普通面包车型，配送方式主要是商户自提，部分通过第三方车辆，如货拉拉，如图 3-50 所示。

图 3-50 交易市场中心配送车辆

3.2.4.3 永泰园第一社区

永泰园第一社区位于海淀区永泰庄路，占地面积达 28 万平方米，有 2318 户，拥有人口达 6590 人。永泰园第一社区附近有四个主要的农产品销售点，分别是位于小区西门的临时菜棚、泰鑫源超市、便民蔬菜水果店，以及小区东南方向的海淀西三旗居民生活服务便利店，四家店铺距离都比较近，距离最远的海淀西三旗居民生活服务便利店，与小区中心位置直线距离小于 300 米。

实地调研发现，永泰园小区通过线上渠道购买生鲜农产品需求较高，上午 9 点至 10 点的一小时内，进入小区配送生鲜产品的电动车有 6 辆，包括盒马鲜生、闪送等。外卖平台配送生鲜农产品如图 3-51 所示。

图 3-51 外卖平台配送生鲜农产品

1. 海淀西三旗居民生活服务便利店

海淀西三旗居民生活服务便利店位于永泰园第一社区的东南方向，直线距离小于 300 米，便利店面积约 20 平方米，无仓库，由于价格相对其他三家超市较便宜，是小区居民的主要农产品购买点，如图 3-52 和图 3-53 所示。

图 3-52　海淀西三旗居民生活服务便利店外部

图 3-53　便利店内部布局

通过便利店老板了解到，该店蔬菜水果进货渠道不固定，主要来自新发地，有时来自北京大盛魁北农农产品市场，凌晨进货，进货车辆为金杯。为了保证菜品的新鲜度，保证每天去市场采购，周转率为 1 天。

该店日均农产品销售量约 1000 斤，热销品主要包括西红柿、油菜、韭菜、芹菜等，具体的价格及日均销量见表 3-8。

表 3-8　海淀西三旗居民生活服务便利店热销品数量及价格

品类	西红柿	油菜	韭菜	芹菜
日均销量/斤	300	200	100	100
价格 /（元/斤）	5.8	2.1	3.0	2.5

2. 临时菜棚

临时菜棚位于永泰园第一社区西门门口，该店相对简陋，由篷布及棉被临时搭建，面积不足 10 平方米，无储存区域，通过居民了解，该菜棚内蔬菜价格相对较高，不是小区居民的第一选择，但优点是距离最近，少量购买时会考虑来此，如图 3-54 所示。

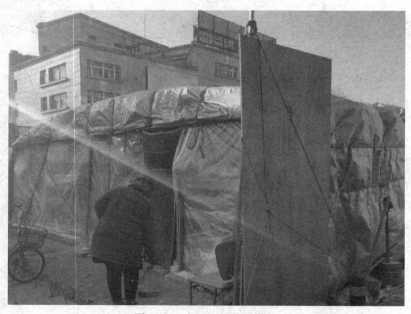

图 3-54　小区西门临时菜棚

由于面积较小，菜棚内农产品品种并不齐全，客流量较小。通过实地调研了解到，该菜棚属于新地标公司，工人凌晨 4 点去新地标拉货，当天销售当天采购的农产品，运输车型为金杯车，如图 3-55 所示。

图 3-55　临时菜棚配送车辆

3. 泰鑫源超市

泰鑫源超市位于永泰园第一社区西门，蔬菜水果区面积约 15 平方米。泰鑫源超市与菜棚距离较近，菜品价格相较菜棚更低，因此客流量逐渐提升，通过实地调研，了解到该店热销品有白菜、茄子、辣椒，表 3-9 是泰鑫源超市与临时菜棚的三种热销品价格对比。

表 3-9　部分热销品价格对比　　　　　　　　　　单位：元/斤

商品名称	白菜	茄子	辣椒
泰鑫源超市	0.85	3.98	4.99
临时菜棚	0.99	4.5	5.5

通过超市老板了解到，泰鑫源超市日均销量旺季时可达 1000 斤，淡季时约 500 斤，旺季主要集中在夏季，淡季主要是冬季。为保证菜品的新鲜度，每天凌晨 2 点去新发地进货，根据前一天销量来确定进货数量，超市内没有仓库，农产品直接上架售卖。农产品运输车型为面包车，为超市自有，如图 3-56 所示。

图 3-56　泰鑫源超市果蔬配送车

4. 便民蔬菜水果店

便民蔬菜水果店位于永泰园小区西南方向，距离小区较近，店铺面积约 55 平方米，无仓库，蔬菜种类齐全，价格中等，日均销售量约 500 斤，如图 3-57 所示。

图 3-57　便民蔬菜水果店外部及内部

3.2.4.4　毛纺南小区

毛纺南小区占地面积 20 万平方米，居住居民 2726 户、6896 人，房屋产权属清河毛纺厂、北京毛纺厂、北京制呢厂等单位。社区所辖范围：东邻金五星商厦、西至安宁庄东路、南临社会福利院、北至清河中街。

通过调研，毛纺南小区居民附近主要农产品购买点包括幸福荣耀超市和超市发两个大型超市，以及一个永辉生活和 7FRESH 生鲜超市，专门销售生鲜蔬菜。其中，超市发、永辉生活和 7FRESH 生鲜超市均有线上购买渠道。

1. 幸福荣耀超市

幸福荣耀超市（清河店）位于毛纺南小区东，与毛纺南小区距离仅 500 米，超市内蔬菜水果区域面积较大，约 200 平方米，由于价格较低，客流量较大。据调研了解，幸福荣耀超市（清河店）开业半年，已成为毛纺南小区居民最主要的农产品购买点，如图 3-58 所示。

图 3-58 幸福荣耀超市（清河店）外部及内部

幸福荣耀超市内部有储存农产品的仓库，面积约 50 平方米，靠近蔬菜水果区域，方便水果蔬菜简单加工后，上架销售，如图 3-59 所示。

图 3-59 超市内部农产品仓库

幸福荣耀超市的主要优势是农产品价格低，品质高，通过生鲜农产品带动其他产品消费。幸福荣耀超市有专门的农产品配送车辆，由配送中心统一配送至门店。

2. 超市发

北京超市发连锁股份有限公司于 1999 年 10 月完成股份制改造，成为北京首家国有企业完成股份制改造的连锁公司，是全国著名的超市连锁企业、中国连锁行业百强企业。公司以"超市发"为品牌，主营生鲜日配品、食品、家居用品及代理品牌商品的零售、批发业务，形成综合超市、食品超市、社区超市、社区菜市场四种经营业态，现有连锁店百余家，分布在北京 8 个区县及承德、张家口和宣化地区，经营面积 17 万平方米。公司拥有批发、物流配送、农达菜市场、培训中心等全资子公司。物流配送基地达 3 万余平方米，有近 6000 平方米的生鲜商品恒温库和低温库。超市发（清河店）外部如图 3-60 所示。

图 3-60　超市发（清河店）外部

超市发（清河店）位于毛纺南小区北，地理位置优越，据调研，超市发的产地直采蔬菜已经占到生鲜经营的 85% 以上，水果直采占生鲜经营的 75% 以上。在幸福荣耀超市（清河店）未开业前，毛纺南小区居民主要来此购买农产品，通过实地调研发现，幸福荣耀超市的果蔬价格大部分品种低于超市发，因此，超市发客流量急剧减少。

表 3-10 是超市发（清河店）与幸福荣耀超市（清河店）部分农产品价格对比，可以看出，超市发的价格明显高于幸福荣耀超市，这也是导致超市发客户减少的主要原因。

表 3-10　部分热销品价格对比　　　　　　　　　单位：元/斤

商品名称	白菜	韭菜	西红柿	胡萝卜	芹菜
超市发（清河店）	0.99	4.99	3.28	0.99	2.3
幸福荣耀超市（清河店）	0.59	4.88	2.98	0.99	1.48

　　但超市发拥有线上购买渠道，客户可从京东到家、饿了么及美团外卖等多个平台下单，购买生鲜农产品，线上销售的生鲜农产品是经过包装的，按份销售，超市发有专人拣货，送至人工收银台处结账，最后交给外卖配送员送至客户手中，配送时间约为 40 分钟。超市发京东到家小程序如图 3-61 所示。

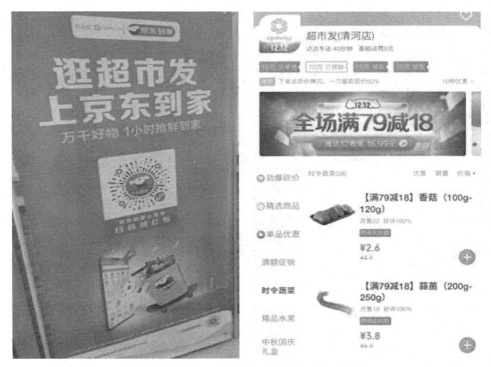

图 3-61　超市发京东到家小程序

　　3. 永辉生活

　　永辉生活位于毛纺南小区北门附近，店铺面积约 50 平方米，销售蔬菜、水果及肉类等生鲜农产品，有线上及线下两种渠道。由于店铺面积较小，商品品类较少，可能无法满足消费者更多的需求，因此，线下渠道消费者较少；线上渠道包括饿了么、永辉生活 APP 及小程序。永辉生活外部及内部如图 3-62 所示。

图 3-62　永辉生活外部及内部

　　永辉生活采用"标品生鲜+便利店+线上运营"的模式，线上下单的配送半径为 3km。目前，永辉生活的到家业务中，生鲜占比高达 50%，主要原因是其生鲜农产品质量较高，生鲜已经成永辉生活的主要竞争优势。永辉生活小程序和饿了么界面如图 3-63 所示。

图 3-63　永辉生活小程序和饿了么界面

4. 7FRESH 生鲜超市

7FRESH 生鲜超市（清河五彩城购物中心）位于毛纺南小区西面，是京东 7FRESH 的第二家门店。超市营业面积 2600 平方米，除了精选的水果蔬菜、海鲜水产、肉禽蛋品、烘焙熟食之外，五彩城店还拥有别具一格的鲜花区以及可提供外带服务的餐饮窗口，如图 3-64 和图 3-65 所示。

图 3-64　7FRESH 生鲜超市（清河五彩城购物中心）外部

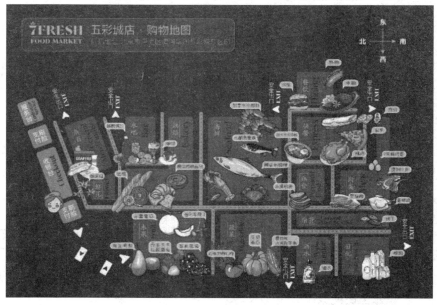

图 3-65　7FRESH 生鲜超市（清河五彩城购物中心）内部布局

作为京东打通线上线下渠道的先行者，7FRESH 五彩城店在为消费者提供线下体验的同时，也提供线上下单及配送服务。以五彩城店为中心的 3 公里范围内，消费者均可以通过 7FRESH APP 进行线上下单并享受最快 30 分钟送达的服务。

据店员称，春节长假期间客流量最大，每天最高可达近 1 万人次。图 3-66 为店员正在进行线上订单拣货作业，根据订单大小选择周转筐或者手提袋两种方式，同时进行多单拣选。

图 3-66　线上订单拣货作业

五彩城店周边主要以互联网企业及住宅区为主，因此，它的出现既满足了上班族对于水果、乳品等产品的即食需求，也能为周边消费者提供线下消费场景及线上配送服务。

3.2.4.5　朱房社区

朱房社区占地面积 2.5 平方公里，共有居民 1100 户，3000 多人，以朱房村为核心区，东有供电技校居民区，南是财经大学分校校址及员工宿舍和中虹水泥制品有限公司居民区，由十多块自然区域组成。由于朱房社区面积较大，主要针对朱房社区南区进行调研，朱房社区南半部分由于拆迁，很多居民已经搬走，从房屋情况来看，该区居民收入相对较低。作者对两家农产品销售点进行调研，包括朱房社区便民服务站和一个菜店，两个销售点条件较差，无法满足社区内部分居民需求，通过调研了解到，多数居民每周会去直线距离约 1.5 公里的北京清河镇农副产品交易市场中心购买生鲜农产品，价格较两个销售点更低，产品质量更好。

1. 朱房社区便民服务站

朱房社区便民服务站位于朱房社区中心位置，面积约 200 平方米，销售包括蔬菜、水果、肉类、日用百货等，品类齐全，其中蔬菜水果区面积约 35 平方米，具体如图 3-67 和图 3-68 所示。

图 3-67　朱房社区便民服务站外部

图 3-68　朱房社区便民服务站内部

据服务站负责人称，该地由于面临拆迁等原因，房租价格上涨，且人口流出严重，日均农产品销量仅 300 斤，难以维持收支平衡。

该店农产品主要来自新发地，每天早上进菜，由面包车运输，面包车为自有车辆。据社区居民称，该店菜价相较其他店较高，因此大多数居民不在此购买。

2. 菜店

该菜店位于朱房社区居委会附近，面积约 30 平方米，店面简陋，内部空间狭小，该店除销售蔬菜水果外，还销售粮油、点心等小食品。蔬菜区最大，约 15 平方米，无仓库，蔬菜直接上架进行销售，如图 3-69 所示。

图 3-69　菜店外部及内部

该菜店与朱房社区便民服务站距离不足 200 米，形成直接竞争关系，通过对比，该店蔬菜价格相对更低，因此该区域居民主要来此购买农产品。表 3-11 是菜店与朱房社区便民服务站部分蔬菜价格对比。

表 3-11　部分热销品价格对比　　　　　　　　　单位：元/斤

商品名称	油菜	韭菜	西兰花	小白菜	香葱
菜店	3.0	4.5	3.5	3.5	5.5
朱房社区便民服务站	3.5	5.0	4.0	4.0	6.0

该店农产品主要来自新发地及北京大盛魁北农农产品市场，自有车辆一辆，车型为面包车，每天凌晨进货，蔬菜周转率为 1 天，水果周转率为 2~3 天。据菜店老板称，该店日均农产品销售量为 500 斤。

3.2.4.6　四街社区

四街社区地处北京市海淀区城乡结合部，背靠中关村高新科技园区及上地科技开发区，辖区面积 3 平方公里，辖区常住人口 2646 人。据实地调研了解到，四街社区农产品销售点主要包括位于社区西北方向的清河社区便民服务站、四季便民生鲜蔬菜水果超市以及西面的清河四街便民超市。

1. 清河地区便民服务站

清河地区便民服务站位于四街社区内部的西北角，是四街社区居民主要的农产品购买点，店铺面积约 40 平方米，销售蔬菜、水果、粮油、日用品等，水果蔬菜区在店铺中间位置，约 15 平方米，日均销售量约 500 斤，热销品主要有黄瓜、白菜、西红柿、茄子等，如图 3-70 所示。

图 3-70　清河地区便民服务站外部及内部

据实地调研了解到，该店农产品主要来自新发地和北京大盛魁北农农产品市场。每天凌晨 4 点到市场进货，周转率为 1 天，使用自有车辆运输，自有车辆为面包车，如图 3-71 所示。

图 3-71　清河地区便民服务站自有车辆

2. 四季便民生鲜蔬菜水果超市

四季便民生鲜蔬菜水果超市位于四街社区内部的西南方向，与四街社区居委会相邻，该超市销售农产品面积较小，品类不全，菜品质量较差，通过超市老板了解到，由于销量不高，蔬菜周转率约 2 天。该超市生鲜农产品主要来自新发地市场，凌晨 2 点进货，使用自有车辆进行农产品配送，自有车型为面包车。

3. 清河四街便民超市

清河四街便民超市位于四街社区西南方向，距离四街社区中心位置约 150 米，超市面积约 30 平方米，销售蔬菜、水果、日用品等，其中，蔬菜水果区面积约

15 平方米，蔬菜种类较多，水果种类较少，通过询问店主了解，主要原因是该社区消费水平不高，高档水果需求较少。该超市农产品日均销售量约 500 斤，主要以白菜、西红柿、黄瓜为主，如图 3-72 所示。

图 3-72　清河四街便民超市外部及内部

清河四街便民超市无仓库，所有蔬菜采购后进行上架销售，该超市农产品主要来自新发地和北京大盛魁北农农产品市场，北京大盛魁北农农产品市场占一半以上。该超市蔬菜由专人配送，店主根据销售情况，通过电话订货，配送车辆第二天配送，配送车辆为轻型载货车，如图 3-73 所示。

图 3-73　配送蔬菜车辆

3.2.4.7　石油大院社区

石油大院社区位于北京市海淀区学院路 20 号，辖区占地面积 0.4 平方公里，辖区内共有住宅楼 45 栋，住户 3414 户，常住人口 10495 人，流动人口 2574 人。社区位于海淀区学院路，西至学院路，东至志新西路，南至志新路，北至化工院。社区面积大人员多，驻地人员构成以科技工作者为主，辖区内现有 9 个局级单位，中小学幼儿园各 1 个,局级单位中有中科院、工程院院士 10 余人,承担国家科研项目的首席科学家百余人,均为中国石油和中国石化科研精英人才。石油大院社区是一个集科研、办公、居住、文化活动为一体的综合型社区。

据实地调研了解到,石油大院社区主要的农产品销售点是社区内部的昆仑好客便利店、早市以及社区东门的幸福荣耀超市。

1. 昆仑好客便利店

昆仑好客便利店位于石油大院社区内,店内面积约 80 平方米,销售品类齐全,其中,蔬菜水果区面积约 30 平方米,日均销售量约 500 斤,肉类区 15 平方米,日均销售约 500 斤,如图 3-74 和图 3-75 所示。

图 3-74　昆仑好客便利店外部

图 3-75　昆仑好客便利店内部

通过调研了解到,该店农产品主要来自北京大盛魁北农农产品市场,较少来自新发地,主要原因是距离更近,物流成本更低。该店通过自有车辆运输,周转率为 1 天,自有车型为面包车。

2. 石油大院社区早市

石油大院社区早市位于石油大院社区内部一条辅路，长度约 40 米，开市时间为每天上午的时间段，早市的消费者一般是年龄较大的老人，如图 3-76 所示。早市很难满足年轻消费人群的消费需求。

图 3-76　石油大院社区早市

调研时是下午 4 点左右，发现早市旁有一家销售草莓的商户，运输车辆为面包车，通过与商户沟通了解到，该社区居民消费能力高，对高档水果消费需求高，该商户由产地采摘直接销售，价格相较于商超更低，受社区居民欢迎，如图 3-77 所示。

图 3-77　产地直销有机草莓

3. 幸福荣耀超市

幸福荣耀超市（学院路店）位于学院路，在石油大院社区西门，附近有多所大学，地理位置优越，消费人群多，客流量较大，如图 3-78 所示。

图 3-78　幸福荣耀超市（学院路店）外部

超市内生鲜农产品区面积约 200 平方米，蔬菜品类齐全，价格低，吸引附近居民前来购买。通过购买者了解到，幸福荣耀超市的销售策略是在每天晚上 8 点后会将生鲜农产品价格提高，以此来刺激消费者尽早购买。蔬菜水果区如图 3-79 所示。

图 3-79　蔬菜水果区

幸福荣耀超市内部生鲜区旁有一台北京 E 追溯的机器，该机器可通过扫描农产品包装的条码，追溯农产品的源头产地，如图 3-80 所示。另外，也可通过微信扫描产品包装的二维码，使用微信小程序来追溯。

图 3-80　北京 E 追溯

3.2.4.8　海淀路社区

海淀路社区位于北京大学南门，面积 0.03 平方公里，社区现有人口 1271 户，3447 人。其中常住人口 673 户，1692 人，现有驻区单位 30 个。辖海淀路社区东至中关村路，南至北四环路，西至中关村酒店，北至北大南门，共有楼房 9 栋，34 个门栋。

通过调研发现，海淀路社区主要有五个农产品销售点，包括小区内的爱鲜蜂社区蔬菜水果网络超市、社区菜篮子、便利蜂，以及距离小区约 1.2 公里的物美超市和家乐福超市，其中，物美超市、家乐福超市和便利蜂均拥有线上渠道。

1. 爱鲜蜂社区蔬菜水果网络超市

爱鲜蜂社区蔬菜水果网络超市位于海淀路社区内，靠近小区南门，店铺面积约 15 平方米，店内销售品类较少，只有几种水果，日均销量较少。根据实际调研结果显示，该店铺目前尚未开展线上业务，全部商品通过线下渠道进行销售，如图 3-81 所示。

图 3-81　爱鲜蜂外部

2．社区菜篮子

社区菜篮子位于海淀路社区内，店铺面积约 50 平方米，无仓库，销售水果、蔬菜、日用百货等，其中，蔬菜水果区面积约 30 平方米，是小区内居民主要的农产品购买点，如图 3-82 所示。

图 3-82　社区菜篮子外部

通过店主了解到，该店日均农产品销售量约 500 斤。农产品主要来自新发地，每天凌晨 2 点去市场采购，当天采购当天销售，采购量会在前一天确定，该商店自有车辆为金杯车。

3. 便利蜂

便利蜂位于海淀路社区北门附近，店铺面积约 30 平方米，便利蜂销售数十种水果，水果全部经过简单包装。便利蜂在其小程序和 APP 增加了"蜂超市菜场"的入口。"蜂超市 1 元菜场"涵盖蔬菜、水果、粮油副食、方便速食、酒水饮料等品类，还包括其自有商品"蜂质选"专区。其中生鲜品类共有新鲜蔬菜、时令水果 60 余种。蔬菜品类中也包含了损耗较高的叶菜。便利蜂菜场正试图以"低价"吸引消费者。从目前来看，其菜场页面设置了"1 元封顶""2 元封顶""3 元封顶"专区，满足周围小区居民的需求。目前，便利蜂已实现自助结账，通过 APP 扫描商品条形码，线上支付即可完成。便利蜂外部和水果区如图 3-83 所示。

图 3-83　便利蜂外部和水果区

从便利蜂上线的生鲜产品包装、克重看，跟大多数线上卖菜 APP 的做法类似，同样以小包装产品针对小型家庭消费人群。其新增的"蜂超市 1 元菜场"入口，出售瓜果蔬菜、粮油副食等品类。现便利蜂采取预售模式，即当天订购，第二天自提或配送到家。即今天选购，明天到货，消费者可选择到门店自提，也可以选择送货上门，如图 3-84 所示。不过，目前并非所有门店都开通这一业务，自提点和配送范围有限，下单之后需要去超过 2 公里以外的门店自提，且不能配送到家。

对于低价蔬菜产品，便利蜂称该业务目前并无补贴，之所以能做到低价，除了采购人员经验和资源丰富外，也受益于便利蜂的智能管控让菜品损耗很低。便利蜂在北京就拥有门店 500 多家，如果生鲜全面铺开，将是一笔高频次的新业务。便利蜂线上超市 1 元菜场如图 3-85 所示。

图 3-84　便利蜂果蔬次日达

图 3-85　便利蜂线上超市 1 元菜场

但相比于时下多数外送业务 1 小时达的履约时效，便利蜂卖菜业务仅能做到次日达或者次日自提，可能并不符合消费者"立等可取"的需求。目前看，不论是综合类的京东到家、多点、淘鲜达，还是垂直类的美团买菜、每日优鲜，基本都能做到 1 小时达，盒马以及永辉买菜 APP 甚至宣称 30 分钟送达。不过便利蜂表示，未来会根据订单量调整，不排除实现当日履约模式的可能。

4. 物美超市

物美超市位于北京市海淀区中关村大街 18 号科贸电子城地下一层，距离海淀路社区约 700 米，是社区居民主要的生鲜农产品购买点，如图 3-86 所示。

图 3-86　物美超市外部

通过调研发现，物美超市蔬菜水果区营业面积约 100 平方米，品种齐全，拥有自有品牌"缤纷田园每日鲜"，缤纷田园是物美生鲜自有品牌，主要销售包装叶菜，田间直采、全程冷链配送、只卖当天。物美与农科院合作开发无公害蔬菜，保障食品安全。运用数字化采销平台，与供应商及时共享数据和销售库存信息，提高效率和透明度。蔬菜水果区货架如图 3-87 所示。

图 3-87　蔬菜水果区货架

物美超市多点的自助结账服务"自由购"，自助结账流程比较简单，去超市挑选商品后，打开多点 APP，选择超市门店（APP 也会自动定位选择），经 APP 扫描商品条形码、提交订单、在线支付后，经过防损门就可以将商品直接拿出超市，不用去收银台排队结账。

通过调研了解到，目前 70% 左右的老年人也乐于使用多点 APP 购物，一则到店快速结算还可线上下单到家，二则先充值后购物可以享受全场 98 折的优惠。"多点送福利"的团购模式是单位购买福利后个人可以直接多点下单配送到家。多点前置仓井然有序，快速周转。设立数字化的周转前置仓，线上线下库存完全共享，有效提高了补货和拣配效率，库存周转天数从 2016 年平均 31 天下降到现在最低达到 15 天。前场、后仓商品全部定位管理，多点 APP 拣货倒逼缺货率，及时补货，大大减少了货架内缺货的现象，拣货效率大幅提升。

5. 家乐福超市

家乐福超市位于北京市海淀区北下关街道中关村大厦甲 56 号，距离海淀路社区约 1 公里，超市内蔬菜水果区面积约 100 平方米。家乐福超市外部如图 3-88 所示。

图 3-88　家乐福超市外部

从调研时的客流量来看，物美超市高于家乐福超市，原因可能是家乐福超市较远，在地下商场的角落，步行距离较长，以及菜价相对物美超市更高。表 3-12 是家乐福超市和物美超市几种热销品的当日价格对比。

表 3-12　部分热销品价格对比　　　　　　　　　　　　　　单位：元/斤

商品名称	西红柿	黄瓜	西兰花	白菜
家乐福超市	4.18	3.99	5.98	0.49
物美超市	3.28	3.48	4.98	0.58

　　家乐福超市与 32 个省，500 家农业合作社合作，实现产地直采，保证为顾客提供新鲜放心的蔬菜，如图 3-89 所示。

图 3-89　产地直采宣传

　　通过调研发现，家乐福超市支持生鲜农产品线上销售（图 3-90），通过京东到家、美团外卖和饿了么等渠道，1 小时内送达客户手中，方便附近社区居民的生活。

图 3-90　家乐福超市与线上平台合作

其中，蔬菜水果区内有高档蔬菜区域（图 3-91），包括小汤山专柜以及有机蔬菜专柜，顾客可从线上平台购买。

图 3-91　高档蔬菜专柜

3.2.4.9　三义庙社区

三义庙社区位于海淀区北三环西路 64 号苏州桥东 100 米北，隶属海淀区海淀街道办事处，辖区面积 3.08 万平方米，常住居民 1300 户，2600 余人。三义庙社区共有 4 个自然小区，共 12 栋老式楼房，属于老旧型小区。社区常住居民户数 945 户，常住人口 3123 人，户籍户数 1041 户，户籍人口 2461 人。60 岁以上老人 843 人；90 岁以上 6 人；空巢老人 238 人，其中独居老人 40 人；低保人员为 3 户 4 人；残疾人 40 人。

通过调研发现，三义庙社区主要农产品销售点包括小区内露天菜棚、便民粮油蔬菜水果生活服务站、每日优鲜配送站，以及社区附近的三家超市，分别是街坊邻居生活超市、北京城乡仓储大超市和超市发。

1. 露天菜棚

露天菜棚位于三义庙社区东门内，条件简陋，面积约 15 平方米，共有两家摊位，分为蔬菜摊和水果摊，其中，蔬菜摊位面积约 10 平方米，种类齐全，是社区内最近的农产品销售点，如图 3-92 所示。通过调研了解到，该菜棚日均销售量约 400 斤，销售高峰期主要集中在早上 7 点左右和晚上下班后。

该摊位生鲜农产品主要来自新发地，每天凌晨 2 点去新发地进货，通过自有车辆运输，如图 3-93 所示。当日采购量根据前一天的销售情况随时变化，蔬菜的周转率为 1 天，水果的周转率约 2～3 天。

图 3-92　露天菜棚

图 3-93　菜棚自有车辆

2. 便民粮油蔬菜水果生活服务站

便民粮油蔬菜水果生活服务站位于三义庙社区北，店铺面积约 40 平方米，销售蔬菜、水果、粮油、日用品等，其中，蔬菜水果区面积约 215 平方米，品类齐全，日均农产品销售量约 300 斤，也是小区的主要农产品销售点，如图 3-94 所示。

图 3-94　便民粮油蔬菜水果生活服务站外部和内部

通过调研发现，该服务站农产品全部来自新发地，通过自有车辆运输，车型为面包车，每天早上 4 点进货，当日蔬菜当日销售。

3．每日优鲜配送站

每日优鲜配送站位于三义庙社区东门旁，面积约 70 平方米，如图 3-95 所示。该配送站服务每日优鲜及饿了么菜场的线上平台，服务配送站 3 公里范围内的客户。由于三义庙社区附近有中国人民大学及北京理工大学，学生及高素质人才密集，通过线上购买农产品的需求较大。

图 3-95　每日优鲜配送站外部

4．街坊邻居生活超市

街坊邻居生活超市位于海淀区海淀街道万泉河路 68 号紫金大厦 7 号楼底商，距离三义庙社区约 600 米，如图 3-96 所示。其中，蔬菜水果区面积约 60 平方米，如图 3-97 所示，调研时发现客流量较小，分析原因可能是农产品价格偏高。

图 3-96　街坊邻居生活超市外部

图 3-97　蔬菜水果区

5. 北京城乡仓储大超市

北京城乡仓储大超市位于海淀区万泉河路 63 号，距离三义庙社区约 1 公里，是距离三义庙社区最近的大型超市，超市内蔬菜水果区面积约 60 平方米，品种齐全，客流量较大，如图 3-98 所示。表 3-13 是北京城乡仓储大超市部分蔬菜价格。

图 3-98　北京城乡仓储大超市外部及内部

表 3-13　部分蔬菜价格　　　　　　　　　单位：元/斤

商品名称	葱头	韭菜	白菜	芹菜
价格	1.71	6.9	0.49	2.48

6. 超市发

超市发（双榆树店）位于海淀区北三环西路双榆树西里 7 号，距离三义庙社区约 1.2 公里，如图 3-99 所示。通过超市工作人员了解到，超市发双榆树店在 2 公里商圈内有 9 家大卖场，经营面积 4000 平方米，连续多年创造年销售额超 3 亿元的辉煌战绩。超市发双榆树店创立于 1998 年，定位为全品类综合型超市。2006 年第一次改造，升级了门店硬件，提升了购物环境；2011 年第二次改造精简了商品品类，聚焦目标客户。

图 3-99　超市发外部

双榆树店共分为 2 层，生鲜区、食品区在二层，2011 年第二次改造时对经营品类进行了调整，整体经营品类缩减了 10%，扩大了近 30% 的餐厨商品经营面积，增加高端水产、寿司等商品，保留了现场磨制豆腐项目，顺应消费者购物渠道多元化实体店的定位。超市发蔬菜区如图 3-100 所示。

超市发多年来大力发展社区商业，在重新梳理目标顾客和业态定位后加速开店进程。未来超市发将以生鲜超市、生活超市为主要发展业态；以直营店为主，加盟店保持现有规模。2020 年店铺总量达到 220 家，在海淀区各街道、社区覆盖率达到 80%，重塑和延伸"根植于社区一流零售商"的使命。

图 3-100　超市发蔬菜区

3.2.4.10　北医三院社区

北医三院社区东至花园路和塔干社区，南至花园北路，西临北医三院和医学部校区，北临医学部校区。2003 年 4 月，原北医三院社区居委会并入北医社区，合并为北医社区居委会。辖区由 5 个产权单位、25 栋居民楼、1 栋青年公寓及 3 个平房院落组成，共有居民 2225 户，6500 余人。社区有商户 30 余家，为开放型社区。

通过实地调研，北医三院社区有一个果多美水果连锁店和四个主要的生鲜农产品销售点，农产品销售点包括超市发和物美超市两大商超，以及幸福彩虹社区特供店和一个地下室菜市场。

1. 超市发

超市发（朗秋园店）位于北医三院社区南门附近，营业面积 1000 余平方米，主要经营生鲜、日配、粮油、食品、主食等居民日常商品，满足社区居民一日三餐的购物需求，如图 3-101 所示。2017 年超市发（朗秋园店）进行改造，改造后销售提升 9.61%。

超市发（朗秋园店）是北医三院社区的主要农产品购买点，通过调研了解到，北医三院社区主要是医生和护士，工作性质原因空闲时间较少，有线上下单购买农产品的需求条件，但目前超市发（朗秋园店）的线上订单较少，未着力发展该业务。超市内部生鲜农产品区如图 3-102 所示。

图 3-101　超市发（朗秋园店）外部图

图 3-102　超市内部生鲜农产品区

2. 幸福彩虹社区特供店

幸福彩虹社区特供店位于北医三院社区南门附近，紧邻超市发（朗秋园店），该店是北京通－养老助残卡的特供折扣产品指定销售单位，店铺面积约 60 平方米，主要销售蔬菜、水果以及果蔬礼盒等，如图 3-103 示。根据实地调研，发现该店并无特殊折扣农产品，与超市发相比，果蔬价格略高，客流量较小，日均销售量约 200 斤。

图 3-103　幸福彩虹社区特供店

通过实地调研了解，幸福彩虹社区特供店农产品由新发地采购，由于销量较低，进货周期约 2～3 天，该店拥有自有车辆一辆，车型为面包车。

3. 地下室菜市场

地下室菜市场位于北医三院南门附近，位置相对较偏，如图 3-104 所示。

图 3-104　地下室菜市场外部

3.3　海淀区物流需求特征与特色

3.3.1　需求保障型末端物流成为主导

根据《2018 北京海淀统计年鉴》中的数据显示，海淀区批发和零售业商品的市内购进额与市内批发额在 2017 年分别为 153.4 亿元、219.3 亿元，而市外购进额与市外批发额在 2017 年分别为 960.2 亿元、914.7 亿元，流入货物额高于流出货物额，属于典型的输入型区域。

同时，根据《2018 北京海淀统计年鉴》中的数据显示，商业与服务业在 2016 年与 2017 年所创造的财富分别为 14.6 亿元、13.1 亿元，已成为海淀区重要经济形式。而与商业和服务业配套的商场、楼宇经济及高校、居民的生活保障，皆是城市末端物流服务范围。因此，需求保障型城市末端物流已经成为海淀区物流发展的主导。

3.3.2　物流需求向小批多频变革

随着经济的发展和消费水平的提高，物流需求因海淀区物流业主要以快递企业为主，导致消费者对产品的需求方式已经由原来的少品种、大批量、少频次变成了多品种、小批量、多频次的需求方式；而与此相对应的物流配送也变成多品种、小批量、多频次的服务方式，订单碎片化趋势越来越明显，特别是以电子产品交易为代表的海淀中关村地区。同时物流时效性要求使得企业物流服务规模性效应越来越差，增加了企业服务负担，对物流模式创新及城市物流网络的覆盖广度和深度提出了更高的要求。海淀区物流需要建立资源共享平台来进一步整合资源，提质增效。

第 4 章 北京市重点服务区域物流现状分析
——以通州区为例

通州作为北京城市副中心、北京新商务中心、面向未来的新城区，在区域人口疏解、发展品质提升等方面存在一定的问题。为了进一步完善北京城市副中心的管理，实现"发展搞上去、人口降下来、生态好起来"的目标，按照北京市和通州区要求，应当快速、全面、准确摸清全区各类有形商品市场底数，为后期的管理、升级、疏解提供保障。

4.1 通州区农产品市场发展现状

现代高效的农产品流通体系是保障民生品质的重要因素，农产品市场是农产品流通的主要环节，是民生安全的基础保障。北京通州区农产品市场主要有农产品批发市场、农贸市场、集期市场三种形式。

4.1.1 农产品市场分布情况

通州区农产品市场主要分布于梨园镇、永顺镇、宋庄镇。属于城区的农产品市场 17 个，其中梨园镇 7 个，占农产品市场总数的 16%；永顺镇 7 个，占农产品市场总数的 16%；中仓镇 3 个，占农产品市场总数的 7%。属于乡镇的农产品市场 26 个，其中宋庄镇 7 个，占农产品市场总数的 16%；永乐店镇 4 个，占农产品市场总数的 9%；张家湾镇 3 个，占农产品市场总数的 7%；于家务镇 2 个，占农产品市场总数的 5%；潞县镇 2 个，占农产品市场总数的 5%；潞城镇 2 个，占农产品市场总数的 5%；台湖镇 2 个，占农产品市场总数的 5%；马驹桥镇 2 个，占农产品市场总数的 5%；西集镇 1 个，占农产品市场总数的 2%；玉桥镇 1 个，占农产品市场总数的 2%，具体如图 4-1 所示。

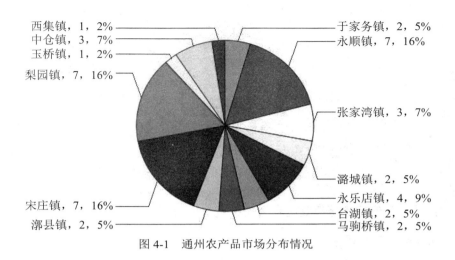

图 4-1　通州农产品市场分布情况

4.1.2　农产品市场审批手续情况

通州区 43 个正常营业的农产品市场中，有市场营业执照的 35 个，占农产品市场总数的 81%；有商贸公司营业执照的 3 个，占农产品市场总数的 7%；无营业执照的 5 个，占农产品市场总数的 12%，具体如图 4-2 所示。

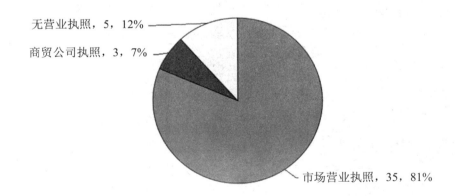

图 4-2　通州营业执照情况

通州区农产品市场中属于国有土地性质的市场有 13 个，占农产品市场总数的 30%；属于集体土地性质的市场有 30 个，占农产品市场总数的 70%，具体如图 4-3 所示。

通州区农产品市场属于国有土地性质中具备建设资质的市场只有八里桥农产品批发市场，另外果园环岛农副产品市场有建设规划许可证。

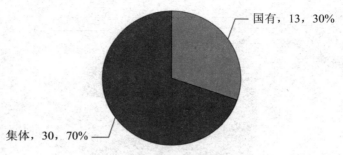

图4-3 通州国有土地性质情况

4.1.3 农产品市场经营面积分布情况

通州区农产品市场经营总面积 767918 平方米, 主要分为城区农产品市场和乡镇农产品市场。城区农产品市场中, 农贸市场 16 个, 占城区农产品市场总数的 94%; 农产品批发市场 1 个, 占城区农产品市场总数的 6%, 没有集期市场。

其中城区农贸市场中, 1500 平方米以下的农贸市场 4 个, 占城区农贸市场总数的 25%; 1500~8000 平方米的农贸市场 9 个, 占城区农贸市场总数的 56%; 8000 平方米以上的农贸市场 3 个, 占城区农贸市场总数的 19%, 具体如图4-4所示。

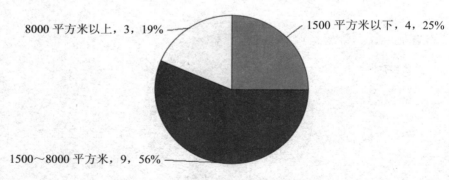

图4-4 通州农产品市场经营面积分布情况

4.2 通州区八里桥农产品市场转型升级的必要性

4.2.1 基于八里桥农产品市场未来发展的必要性

通州区八里桥农产品批发市场于 1998 年 8 月建成开业, 地处北京市通州区通惠北路金龙街 4 号, 是由中央企业中商企业集团公司和北京潞运通经贸集团共同投资 1.5 亿元建立的国家级重点批发市场，是首都"菜篮子"重点工程，是国家经贸委等八部委倡导的"三绿工程"首批试点批发市场，也是北京市指定的"绿色安全食品专营区"开办市场，荣获"首都文明市场"荣誉称号。但目前八里桥市场存在交通不便、外来人口集聚、发展空间受限等问题，与北京城市副中心定位不相符。

一是区位不合理造成交通拥堵。八里桥市场位于通州新城核心区，紧邻城市中心区，交易流向规律是从外向内辐射，而八里桥市场目前交易流向是从内向外辐射，导致来自全国的运货车辆经过通州新城来八里桥进行交易。

二是土地价值与批发市场定位不符。八里桥市场地处通州城区中心，占据通州新城的黄金地段，随着通州城市副中心的发展，未来土地价值高，不适合发展农产品批发市场。

三是集聚大量外来人口。八里桥市场目前市场共有商户 2688 户，以外地商户为主，数量为 1613 户，外地人员家属大概数量 2000 名，主要居住在周边地区，造成了大量外来人口集聚。在功能上与城市现代化要求不协调，扰民严重。

四是市场服务能力和可持续发展能力不足。房屋年久失修破损严重，配套设施老化，早期投入的设备比较落后，作业方式和规模达不到目前业务扩张需求。

4.2.2 基于八里桥农产品需求的必要性

通州区目前农产品消费需求巨大。据调研显示，通州区辖区面积 907 平方公里，共有 4 个街道、10 个镇，1 个乡，常住人口 128 万人。如果按平均每天人均消费蔬菜 0.3 千克，水果 0.15 千克，粮食 0.25 千克，水产、肉、蛋类 0.25 千克，饮料 0.4 千克计算，通州区年消费蔬菜 38.4 万吨，水果 19.2 万吨，粮食 32 万吨，水产肉类 32 万吨，饮料等 51.2 万吨，总计 172.8 万吨。

通州八里桥批发市场自有土地面积 40 万平方米，建筑面积 20 万平方米。建有 84 座交易厅、棚、房，2800 多个室内摊位，800 多个大棚摊位。经营蔬菜、水果、水产品、肉禽蛋、粮油等 12 大类 3 万多种商品，货源来自全国 20 多个省市、自治区。2013 年农副类商品交易量 13.2 亿公斤，营业额 85.9 亿元，纳税 2531 万元，名列 2013 年度全国农产品综合批发市场前 50 强，北京农产品综合批发市场第 8 位。消费群体主要分布在通州（78%）、朝阳（11%）、顺义（3%）、河北廊坊（7%）等地。消费群体构成是：农贸市场 36%、中小商店 13%、餐饮店 16%、其他批发市场 5%、团体采购 12%、个人采购 10%、外埠采购 7%（小于 1% 的未统计）。

通州区作为北京城市副中心，将来仅城区规模人口就达 100 万以上，未来通州区农副产品的消费需求发展潜力和发展空间巨大。通州八里桥农产品批发市场作为通州区唯一的大型农产品批发市场无法满足通州区农产品未来消费需求。

4.2.3 基于八里桥农产品物流服务的必要性

通过对通州区八里桥农产品批发市场调研发现：肉类、蛋类、乳品类产品生产、加工、贮藏、保鲜、包装、运输等方面都有了很大发展，但粮食物流小作坊式经营，四散流通；果蔬物流还处在初级阶段运作，基础设施和信息基础设施不能满足果蔬物流发展的要求，还不能实现全程冷链物流；水产品经营主体小而散，物流专业化、规模化、组织化程度低。农产品生产、加工、流通各个环节组织化程度不高，基本无法提供良好的物流门到门的服务。具体问题有以下几点。

（1）物流延伸服务较少。

（2）物流基础设施不足，自动化程度不高。仓储设施功能单一，设备陈旧，效率低下，难以适应现代化物流服务的需要，不能满足现有市场需求。

（3）公共技术标准不配套，现代信息技术应用和普及程度不高，公共技术发展不平衡，企业间标准不一致，缺乏信息接口，难以实现物流企业与园区用户间的联网和供应链管理。

（4）缺少先进的物流理念、技术和高级物流人才。

（5）政府对公共服务设施的扶持力度不够。

4.3 通州区八里桥农产品市场转型升级的可行性

北京市通州区作为首都城市副中心，具备建设现代化农产品流通体系的经济条件和社会因素，具有如下可行性。

4.3.1 政策可行

无论是国家层面、北京市层面还是通州区层面都在积极培育、推动现代服务业发展壮大，促进现代化农产品流通体系建设，对农产品批发市场转型升级肯定会予以大力支持。2014 年通州区政府办公会上提出，快速、全面、准确摸清全区各类有形商品市场底数，为后期的管理、升级、疏解提供保障，实现"发展搞上去、人口降下来、生态好起来"的目标，进一步完善北京城市副中心的管理。

4.3.2 经济可行

北京是国家首都、文化名城、宜居城市，通州区作为未来的北京城市副中心，积蓄多年形成的现代化城市功能、企业核心竞争力以及原有的生态环境优势正在加速释放。通州新城规划 155 平方公里。仅通州新城核心区总占地面积就达 16 平方公里，相当于现有 CBD 的 2.3 倍（CBD 核心区 3.99 平方公里，东扩区 3 平方公里，共 6.99 平方公里）。环球影城主题乐园项目落户通州。据了解，日本大阪环球影城每年的游客在 850 万～1000 万之间，环球影城落户通州，不仅将带动旅游、零售、餐饮、娱乐等生活性产业发展；将带动楼宇经济、广告、出版、知识产权、税务等生产性服务业产业发展；还将支持工业设计、智能产品整体方案、数字化技术等现代工业、信息产业发展，成为通州 CBD 独一无二的产业驱动力；同时也将使通州成为我国北方当之无愧的创意文化、娱乐文化中心。这些都为通州区未来的经济建设提供了强有力的保障。

4.3.3　社会因素可行

除此之外，通州区良好的资源和易达的交通条件也为农产品批发市场转型升级创造了条件。在自然资源禀赋方面，通州区地处京杭大运河北端，境内分布着北运河、潮白河、温榆河等 13 条河流，千年京杭大运河穿城而过，在通州流域长达 42 公里，拥有北京相对较好的滨水水景资源。在交通条件方面，通州区离国贸中心只有 13 公里，拥有 3 条地铁、两条高速，多条城市道路，通达性逐年提升。2014 年地铁 7 号线全线贯通，城区新增市区公交线路 7 条，区内接驳公交线路 3 条，调延线路 2 条。

4.4　通州区八里桥农产品批发市场转型升级设计

结合北京市城市建设和通州区未来发展，通过实地调研、专家访谈对通州区八里桥农产品批发市场发展现状和存在问题进行分析，得出市场转型升级具有必要性和可行性。以下从功能定位、管理模式、功能规划几方面对北京通州八里桥农产品批发市场转型升级提出具体的研究设计。

4.4.1　功能定位

北京通州八里桥农产品批发市场发展定位是以农产品流通交易为核心，集聚农产品流通相关的交易、加工、物流、分拣等各种资源，构建完善的展示交易、流通加工、集中仓储、检查检疫、物流配送、信息发布等配套功能的综合服务型农产品流通园区。

4.4.2　管理模式

一是园区采取规范化的管理模式。管理机构不介入经营，政府成立管委会组织征地、按功能分区、招投标，并对园区进行统一规划管理。二是园区以招标形式吸引企业入驻。园区中各功能区以招标形式吸引批发市场、物流企业、加工企业及其他相关品牌企业投标入驻，入驻企业自主经营。三是实行优惠扶持政策。入驻企业可以直接享受到政府在用地、租金、建设等的方面的优惠扶持政策。

4.4.3　功能规划原则

对农产品流通园区建设功能规划遵循以下原则。
（1）整体统筹规划。
（2）分期分步实施。
（3）近期强调资源的有效利用。
（4）远期强调功能、资源的优化配置。
（5）符合现代农产品物流发展需要。
（6）高起点、高水平要求。
（7）具有良好的可调整性。
（8）符合经济性与适应性的要求。
（9）有助于培育农产品核心企业。
（10）有助于培育农产品物流龙头企业。
（11）具有良好的可操作性。

4.4.4　功能规划分区

在农产品流通园区的功能设施规划上，采取交易、存储、配送、商业、居住、休闲多功能混合互动模式，实现多业态积聚效应，为消费者和企业提供一个大规模、高档次、服务功能强、服务范围广的交易平台和服务平台。

农产品流通园区通过五个功能区和两个服务平台，实现展示交易功能、流通加工功能、集中仓储功能、检验检疫功能、配送运输功能、信息发布功能、综合服务功能七大功能。园区中展示交易用地约占总面积的40%，其他功能区用地约占总面积的60%，具体如图4-5所示。

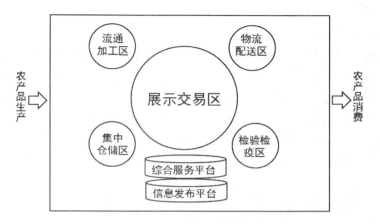

图 4-5 农产品流通园区功能规划

1. 五大功能区

（1）展示交易区。这是农产品流通园区的主体建设工程，该区域应当配置在用地的中心位置，用地较为规整，与其他区域关联度良好，具有较好的车辆通行、信息通信优势。一是通过建设现代化的交易厅和交易棚，对农产品批发进行集中管理，可分为四个交易区：水果、蔬菜、水产品、粮油干货特产。二是建立农产品综合展示区，与园区对外营销衔接，按照观光管理要求组织流程管理，包括：寒带蔬果农产品需求信息采集与园区销售信息衔接展示、反季节蔬果科学研究培育基地、反季节蔬果试验观光大棚、反季节蔬果品尝体验等特色农产品展示中心。

（2）流通加工区。为减少物流过程中的浪费及损耗，提高农产品附加价值，设立流通加工区，对农产品批发进行集中加工。流通加工包括果蔬类、海鲜、鲜花等流通加工区。在果蔬类流通加工区中有净菜加工车间和水果保鲜车间。海鲜、鲜肉、鲜花等流通加工区，主要是分拣和配货等功能。流通加工车间应当配置检选输送带、工作台、自动封箱机、电子秤、包装输送带、包装封口机、喷码机等机器设备。

（3）集中仓储区。为方便农产品销售，将此区域设置在临近交易区位置，集中仓储区主要分为基本仓库、恒温仓库、冷库三个区域。

1）基本仓库。按照蔬菜、水果、水产品、南北干货、粮油、特产等建设仓储库房。

2）恒温库房。用于储存常温不能储存的物品。

3）冷库。用于冷冻部分水产品和储存蔬果、鲜花、水产品等。常温不能储存的货物直接入恒温库房和冷库。在仓库周围预留一定空间，随着经营规模扩大，可考虑在其附近扩建仓储区域。

（4）检查检疫区。设立食品检测办公室，根据检验产品类型和检验特性设置样品室、试剂库、感官检测室、检测前处理室、检测实验室、气体储藏室、废弃物处理间等，对农产品进行抽样监测，确保食品安全。对蔬菜、水果、禽肉等产品进行检验。对蔬菜、水果农药残毒和农药残留进行检测；对水产品感官进行检测、对冷冻水产品净含量进行检测、对水发产品甲醛含量进行检测、对腹泻性贝类毒素进行检测、对麻痹性贝类毒素进行检测、对氯霉素进行检测、对土霉素进行检测等。

（5）物流配送区。物流配送区主要分为农产品配送中心、农产品运输调度区、汽配汽修服务区三个区域，对农产品流通园区进行统一调度与配送。停车场位置设计不占用沿路的商业价值，方便车辆出入，停车场附近建设绿化景观。

2. 两大平台

（1）综合服务平台。综合服务平台是整个园区及周边区域配套综合服务性区域，集餐饮、商业、娱乐和服务于一体，既能满足园区综合服务需要，又可以有效利用沿路的经济价值，大大提升园区增值服务水平。

（2）信息发布平台。设置电子交易、电子拍卖、结算、商务、银行等基础设施和系统，为业主及客户提供优质、快捷的交易服务。在信息系统建设中，应用物品编码体系、无线射频识别（RFID）、条形码、智能标签等自动识别、标识技术以及电子数据交换（EDI）技术，发展可视化技术、货物跟踪技术和货物快速分拣技术，投入 RFID 和移动物流信息服务技术、标准的研发和应用。利用好全球定位系统（GNSS）、地理信息系统（GIS）、道路交通信息通信系统（VICS）、不停车自动交费系统（ETC）、智能交通系统（ITS）等技术。

4.5　物流系统建设

4.5.1　增加物流各环节的延伸服务

物流企业应该努力提高物流服务专项能力、业务水平和管理能力，积极与交通运输、仓储、货运代理、多式联运、邮政等企业横向联合，整合现有物流设备、设施，各自发挥比较优势，改进运作模式，创建现代化的农产品产业链品牌体系，将单一服务提升转化为优质高效的现代物流服务，从而实现协同增效，达到价值增益、成本节约和风险减损的目的。另外，需要为工商、税务、运管、检验检疫、银行、保险、中介、餐饮、住宿、汽配汽修等各种支持性服务机构的进驻提供必要的增值服务条件。

4.5.2 提高物流基础设施的配套性、兼容性

为了提高物流基础设施的配套性、兼容性，集约解决园区物流基础设施不足问题。建议政府作为公益性的代表，按照现代化物流要求，投资新建或改建现代化物流基础设施，在仓储设施方面，增加现代化立体自动化仓储设施比例；在使用的搬运工具中，多采用可视屏叉车等现代化的搬运工具；在运输工具方面，配置现代化的箱式货柜和集装箱拖头及针对农产品的特种运输车辆；提高公路网的通达深度和辐射能力。同时，充分利用政府安排的物流业发展专项资金，加强粮库、冷藏库、保鲜库的建设，增加温控设备和防潮设备。

4.5.3 促进各种物流功能、要素之间的衔接和协调

促进各种物流功能、要素之间的有效衔接和协调发展，集中解决园区各企业增值服务的标准接口问题。借助完善的信息系统和网络，要积极打造流通园区信息平台，建立物流电子商务信息系统，形成网上交易、网上结算、异地交割、直达配送现代园区的先进物流模式，改变传统的实物货物、现金结算经营模式。按照现代物流的要求，不断更新物流理念，引进专业技术人员，优化企业物流管理，加大企业内外部专业培训教育投入和培训力度，提升物流从业人员专业化水平，使物流从业人员具有较高的业务管理能力和技术水平。

4.5.4 选址分析

在对农产品流通园区建设进行功能定位、管理模式分析、功能分区研究的基础上，依据农产品流通园区对缓解道路交通堵塞、降低社会资源消耗、节约劳动成本等方面的重要作用，深入研究农产品流通园区的理想区位与建设规模问题，结合通州区实际，采用调研、观察和专家座谈法，对农产品流通园区进行选址研究，考虑区位、交通、社区安定等多方面因素，建议将八里桥农产品批发市场整体外迁。但由于通州区农产品需求，农产品市场功能应该保留在通州区内，因此，建议搬迁至通州六环核心区以外的区域，如西集镇、漷县镇等附近。现有区域位于通州城市核心区，离北京城市中心很近，地理位置优越，土地价值高昂，建议与通州核心区整体规划对接，发展高端商业业态，如主题商务区、体验休闲中心、现代生活方式中心等。

4.5.5　运行条件分析

1. 项目用地、水、电、通信概况

本项目选址符合通州区总体规划，用地规划可进入土地规划，符合用地标准。建设地交通条件符合园区建设国家标准。本项目日用水量为 12259.4m³，最大小时用水量为 926m³，用水水量、水质、水压均能满足本项目需求。良好的通信条件能满足通信需求，有线通信、无线通信网络覆盖全园区。供电能力能满足本项目的用电需要，10kV 中压网络可纳入建设区。

2. 环境保护条件

根据国家环境保护的有关规定和排放标准，对园区内生活污水、生活垃圾进行治理，达到国家的排放要求。除此之外，还要考虑经营环境、地形条件、气象条件、公共设施状况、水文地质等条件。

4.5.6　社会效益分析

通州区农产品流通园区建设主要能够带来以下几个方面的社会效益。

（1）有利于推进北京国际商贸中心城市建设，完善通州区城市副中心城市功能，使本地及周边地区的农产品交易提高到一个新的水平，增强通州区在华北地区的辐射作用。

（2）有利于资源集约化。一是通过农产品流通园区建设使土地资源的使用更加集约，减缓北京土地资源紧缺的压力。二是农产品销售集约化管理，创造规模效益，减少分散仓储、运输带来的浪费，提高农产品流通效率，将农产品快速送到消费终端。

（3）有利于推进流通体系现代化进程。集聚现代流通资源，拓宽农产品的流通渠道，促进当地农产品流通向标准化、规范化方向发展，推进农产品现代流通体系建设。

（4）有利于调整农村产业结构，增强相关农产品企业竞争力，推动物流等第三产业发展，增加农村居民收入，带动就业，提高城乡居民就业率，有利于社会稳定。

（5）有利于推进食品安全工程建设，提升农产品"三品一标"（无公害农产品、绿色食品、有机农产品和农产品地理标志）覆盖率，让当地居民享受到安全放心农产品，保障老百姓"舌尖"上的安全。

（6）有利于城市环境治理，改善交通环境，减少城市垃圾产生量，减少散乱物流设施对城市的负面效应。

4.6 通州区城区农贸市场转型升级设计

通州区城市副中心建设需要现代化的农产品零售终端体系，因此在对无营业执照、商贸公司执照、非商业用地、无规划审批手续、存在严重安全问题等不合法的农贸市场和集期市场全部取缔清理的基础上，对通州区合法的城区农贸市场进行转型升级，未来构建以"便民菜店+生鲜超市+生鲜大卖场"为主的现代化农产品零售终端体系，促进农产品零售终端的多元化发展。

4.5.1 转型便民菜店

对于 1500 平方米以下的城区农贸市场，有条件改造的市场向便民菜店转型，没有条件改造的市场建设便民菜店，整合多种服务资源，利用有限空间搭载提供多元服务，增加服务收入比例，以多元的收入来源，架构便民菜店盈利模式。现有 1500 平方米以下的城区农贸市场见表 4-1。

表 4-1 现有 1500 平方米以下的城区农贸市场

区域	市场名称	经营面积/m^2
永顺	北京杨庄鑫园农贸市场有限公司	1120
梨园	北京通州梨园大稿村农贸市场中心	800
梨园	北京百菜园社区菜市场有限公司	1000

4.5.2 转型连锁生鲜超市

对于 1500～8000 平方米的农贸市场，有条件改造的转型为连锁生鲜超市，没有条件改造的配建连锁生鲜超市，满足高品质居民的蔬菜消费需求。现有 1500～8000 平方米的城区农贸市场见表 4-2。

表 4-2 现有 1500～8000 平方米的城区农贸市场

区域	市场名称	经营面积/m^2
永顺	北京隆乔兴农副产品市场有限公司	3000
	北京杨庄顺兴农副产品市场有限公司	5500
	北京二道闸农贸市场有限公司	4300
梨园	北京市通州区小稿村农贸市场中心（北京小街宏兴农贸市场有限公司）	4000

续表

区域	市场名称	经营面积/m²
梨园	北京云景里农贸市场管理有限公司	4000
中仓	北京瑞隆生活消费品市场有限公司（东里市场）	4700
中仓	原西海子市场	2500

4.5.3 转型生鲜大卖场

对于 8000 平方米以上的农贸市场，有条件改造的转型为以生鲜经营为主的大卖场，没有条件改造的建议配建以生鲜经营为主的大卖场，满足居民的一站式消费需求。现有 8000 平方米以上的城区农贸市场见表 4-3。

表 4-3 现有 8000 平方米以上的城区农贸市场

区域	市场名称	经营面积/m²
永顺	北京东潞苑佳园农贸市场有限公司	20000
永顺	北京果园环岛农副产品市场	9600
潞城	北京欣源兴盛农副产品市场（侉店市场）	8100
潞城	北京立根恒昌商品批发市场有限公司（武夷市场）	13000
西集	北京市实荣技工贸总公司西集市场管理服务中心（新郎府农贸市场）	12000

4.5.4 发展农产品零售电子商务平台

综合运用信息化手段和物联网技术，用现代科技手段促进并引领现代农产品零售网点建设，更好地满足居民的现代消费需求。从单一的蔬菜网上销售起步，逐步发展成综合性的居民农产品网上购物（包括生活服务）平台。

第 5 章　企业物流系统优化设计分析研究

本部分主要通过对北京绿富隆企业物流系统的调研，对其物流系统发展现状及问题进行详细描述并做具体分析，从而给出可行性建议。

5.1　绿富隆公司概况

北京绿富隆农业有限责任公司成立于 2002 年 12 月，注册资金 3300 万元，为延庆国有全资农业企业，拥有北京博绿园有机农业科技发展有限公司等下属企业、合作社 15 家，自有有机种植基地 1500 亩。目前，绿富隆公司主营业务涵盖有机蔬菜生产、加工、销售、配送等，属于全产业链型的公司。

5.1.1　绿富隆经营情况

绿富隆经营范围包括种植蔬菜、花卉、苗木、养殖牲畜、家禽、水产品；包装运输；收购农副产品；销售副食品、包装食品、包装饮料、粮油制品、百货、针纺织品；技术咨询、技术培训、技术服务；货物进出口、技术进出口、代理进出口。在公司经营范围中，农产品销售是公司的主要业务。

近年来，绿富隆营业额呈上升趋势。截至 2018 年，营业额已达 2143 万元。首农和绿富隆合作，把延庆日上批发市场平移到绿富隆加工生产基地，后期会对绿富隆加工生产基地进行升级改造。这无疑会给绿富隆带来发展的机遇，使绿富隆可以扩大业务范围，从而继续逐年提高营业额，并且大幅度增加物流量。

2020 年，绿富隆营业额为 2551 万元，总成本合计 3479 万元，处于亏损状态，需要更新其农产品销售的模式及更好地应用电子商务平台来为绿富隆打出品牌效应，使绿富隆可以不再压缩生产，通过扩大生产量、销售量，从而使营业额大大增加。同时，也结合日上市场将平移到加工厂的良好契机，扩大业务量。从成本分析表中，可以看出，绿富隆延庆物流中心的物流成本主要是第三方车辆物流成本，金额为 10 万元，占总成本比例极低。这说明了绿富隆用农邮通给客户进行配送有一定的价格优势，为绿富隆降低了物流成本，但绿富隆、农村合作社和"妫水农耕"延庆优质农产品品牌联盟（以下统称为"妫水农耕"联盟）的整个物流系统仍然存在很多问题，需要通过优化物流系统来提高物流运行效率、降低农产品损耗率、降低物流成本。绿富隆 2013—2020 年营业额如图 5-1 所示，2020 年绿富隆成本分析表见表 5-1。2017—2020 年绿富隆大兴物流中心物流成本数据分析表见表 5-2。

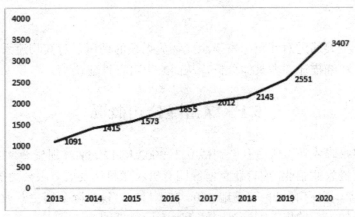

图 5-1　绿富隆 2013—2020 年营业额（单位：万元）

表 5-1　2020 年绿富隆成本分析表

成本分类	成本具体分类	金额/万元
生产成本	直接材料（原材料、辅助材料、包装材料）	150
	生产人员工资、奖金、津贴、福利等	130
	其他直接指出（修理费、有机物料消耗、低值易耗品摊销、水电费、办公费、差旅费、季节性和修理期间停工损失及其他不能直接计入产品生产成本的费用支出）	52
	固定资产成本分摊	75
物流成本	延庆自有车辆物流成本	33
	延庆基地采用农邮通车辆物流成本	10
	延庆第三方车辆租赁成本	3
	大兴物流成本	138
管理成本		2593
财务成本		187
销售成本	销售人员工资、广告费等	108
总成本合计		3479

表 5-2　2017—2020 年绿富隆大兴物流中心物流成本数据分析表　　　单位：元

成本分类	2017 年	2018 年	2019 年	2020 年
冷库租金	159000	222668	162498	209857.16
配送人员工资	740024	899470.1	956331	813665
配送车辆租金	288206	367511	536425	303433.52
加油费	97496.5	65424.5	87818.8	50883.8
保险费	10544.6	17342.5	522.3	2168.46
停车费	178	9325	12988.5	3430
维修费	21943	20346	20213	1050
总计	1317392.1	1602087.1	1776796.6	1384487.94

　　绿富隆现采用的是"设计+生产+销售型"经营模式。这是在产业链节点上涉及较多的经营模式，采用这种经营模式企业的特点是企业具备新产品开发能力、生产能力、营销体系和客户群体。

　　在设计方面，绿富隆具备一定的新产品研发能力。即绿富隆根据市场上的需求，自己研发出市场上需要的产品，同时对以往的产品进行改造。

　　在生产方面，绿富隆具有一定的生产能力。绿富隆销售的农产品一部分是自产产品，一部分是从农村合作社收购的产品，一部分来自"妫水农耕"联盟。2018年，绿富隆自产产量达 30 吨。

　　在销售方面，绿富隆有自己的营销体系和客户群体。营销体系中有线上和线下两个渠道。线下是绿富隆主要盈利渠道，C 端客户消费少，所以 B 端客户为主要客户。

5.1.2　绿富隆服务范围

　　多年来，绿富隆一直以国家交给的任务为主要工作任务。从 2008 年奥运会，再到 2019 年世园会，再到 2022 年冬奥会。除此之外，绿富隆公司主要服务范围是延庆区和北京市其他城区。在冬季农产品稀缺的时候，出于物流成本和竞争力的考虑，一般主要服务延庆区，较少地服务城区。在春季、夏季、秋季，延庆区农户及农产品生产基地等带给绿富隆的竞争压力大，绿富隆出于盈利角度的考虑，一般主要服务北京市其他城区，较少地服务延庆。

　　据实地调研发现，由于之前在其他区设立的门店面临拆迁、租金贵等问题，绿富隆近年来缩小了门店的服务范围，经营门店个数由之前的 10 多个缩减为现在的 2 个。绿富隆现在除了销售自产产品，还销售与绿富隆合作的多家合作社的产品。而且绿富隆现在还对"妫水农耕"联盟进行资源整合，将一小部分"妫水农耕"联盟集合到延庆物流中心，再分散出去。

2016 年在绿富隆大榆树镇加工基地建立了延庆区农邮通配送中心，目前使用农邮通的企业或合作社有绿富隆、北菜园、茂源广发等 37 家，三年累计商超 3913 车次，宅配订单 71008 件。2018 年全区加入农邮通企业或合作社 37 家，截至 7 月底共计运输农产品 1260 车次，1860 余吨，其中商超 1065 车次，宅配订单 18729 件。2019 年前 5 个月共计运输农产品 1050 车次，1350 余吨，其中商超 900 车次，宅配订单 7769 单。宅配订单单数基本呈逐年下降趋势。在农产品中，B 端客户的销售额远大于 C 端客户。总体而言，B 端客户是绿富隆的主要客户，是绿富隆农产品服务的主要客户类型。

5.2 绿富隆物流系统发展现状及问题

本部分主要通过对绿富隆物流系统发展现状进行具体描述及分析，从而指出绿富隆物流系统在北京市中的定位，并对绿富隆物流系统中存在的问题进行总结及分析。

5.2.1 绿富隆物流系统发展现状

绿富隆农产品网络是由若干物流节点、通道以及物流主体构成的巨大网络，是一个典型的多物流节点、多起讫点、多模式的复杂网络。绿富隆物流节点包括上游供应商生产基地、物流中心以及客户需求点，本部分将从这三点阐述物流网络发展现状，也将从物流网络的整体结构阐述物流网络发展现状。

5.2.1.1 绿富隆上游供应商物流发展情况

鲜活农产品产业链上游可以分为两类，一类是科研为主的种源农业，另一类是农业生产为主的种养业。绿富隆现在各有 1 个，科研为主的种源农业是种苗繁育基地，农业生产为主的种养业是有机蔬菜种植基地。

有机蔬菜种植基地，占地 1000 亩，位于旧县镇东羊坊村。现有日光温室 21 栋、春秋大棚 475 栋，连栋温室 6400 平方米，种植黄瓜、番茄、芹菜等 30 多种蔬菜，年产量可达 4000 吨。但目前由于销售量较小，正压缩生产，年产量低。

种苗繁育基地，占地 214 亩，位于旧县镇东龙湾村，现有日光温室 10 栋、春秋大棚 32 栋，连栋温室 6000 平方米，蔬菜花卉种苗年产能力 1000 万株，如图 5-2 所示。

图 5-2　种苗培育基地

为壮大延庆农业产业发展，助推乡村振兴，在区委区政府的领导下，绿富隆明确了以区域品牌建设带动农业提质增效，加快都市型现代农业发展的战略思路，为推动海淀区科技市场优势和延庆区生态环境优势结合，壮大延庆绿色农业发展，促进农业科技成果转化，推动延庆乡村产业振兴，明确延庆优质农产品安全、健康、高端的产品定位，探索政策引导和市场激励双重机制，以培育提升区域农产品品牌为主要抓手，2019 年 9 月，延庆区正式发布了"妫水农耕"农产品区域公用品牌。"妫水农耕"秉承"妫水农耕，健康之源"的产品理念，坚持品质优先，在准入资质、规范生产、质量检测等环节全程监控、严格把关，品牌产品涵盖绿色安全蔬菜、优质干鲜果品、高档花卉园艺、精品优质粮经、健康特色养殖 5 大类；品牌建设坚持"打基础、广动员、挖特色"的方向，建立了"妫水农耕"品牌联盟。

通过对 36 家企业及合作社的调研（具体名单见表 5-3），目前首批纳入到联盟的成员单位有 9 家，包括北京绿富隆农业科技发展有限公司、北京南山健源农业发展有限公司、北京北菜园农业科技发展有限公司、北京归原生态农业发展有限公司、北京金粟种植合作社、北京绿野地葡萄种植专业合作社、北京熊旺果树种植专业合作社、北京燕云种植专业合作社、北京四海种植专业合作社。

表 5-3　品牌联盟调研名单

序号	名单	地址
1	北京北菜园农业科技发展有限公司	北京市延庆区康庄镇小丰营村委会办公楼西 2000 米
2	北京繁荣畜禽养殖中心	北京市延庆区珍珠泉乡珍珠泉村

续表

序号	名单	地址
3	北京兴业富民果蔬种植专业合作社	北京市延庆区沈家营镇河东村南 500 米
4	北京鑫盛养殖有限公司	北京市延庆区康庄镇郭家堡村
5	北京茂源广发种植专业合作社	北京市延庆县延庆镇广积屯村
6	金果园老农（北京）食品股份有限公司	北京市延庆区八达岭镇飞东路 1 号
7	北京王木营蔬菜种植合作社	北京市延庆区井庄镇王木营村东口汽车站东北 500 米
8	北京八达岭酒业有限公司	北京市延庆区永宁镇东门外南侧
9	北京康庄太平庄蔬菜专业合作社	北京市延庆区康庄镇太平庄村（太平庄奶牛养殖中心）
10	北京庆和食品有限责任公司	北京市延庆县沈家营镇中鲁科技园区内
11	北京雄旺果树种植专业合作社	北京市延庆区旧县镇白羊峪村 2 号
12	北京郁金香小磨香油加工厂	北京市延庆县张山营镇黄柏寺部队院内
13	北京八达岭镇里炮果品专业合作社	北京市延庆区八达岭镇里炮村委会
14	北京希森三和马铃薯有限公司	北京市延庆区延庆镇延农路北（县苗圃院内第三排）
15	北京京北阳光果树种植专业合作社	北京市延庆区张山营镇后黑龙庙村村民委员会院内
16	北京村村牛种植专业合作社	北京市延庆县珍珠泉乡庙梁村 24 号
17	北京张山营五福兴农种植专业合作社	北京市延庆区张山营镇胡家营村东 300 米
18	北京四海种植专业合作社	北京市延庆区四海镇菜食河村 1 号
19	北京延隆种植专业合作社	北京市延庆区康庄镇刁千营村北 500 米
20	北京妫川禽老大野生动物驯养繁殖有限公司	北京市延庆区延庆镇米家堡村北 100 米
21	北京绿野地葡萄种植专业合作社	北京市延庆区张山营镇后黑龙庙村二区 50 号
22	海子口村委会	北京市延庆区四海镇海子口村
23	北京万果生态农业发展有限公司	北京市延庆区康庄镇马坊村（村委会院内）
24	新庄堡村委会	北京市延庆区香营乡新庄堡村
25	北京市前庙村葡萄专业合作社	北京市延庆区张山营镇前黑龙庙村村委会院内
26	姚官岭村委会	北京市延庆区刘斌堡乡姚官岭村
27	北京杨翼天赐农业发展有限公司	北京延庆区八达岭镇帮水峪村北 1200 米

序号	名单	地址
28	北京市大庄科中药材种植专业合作社	北京市延庆区永宁镇农副产品技术开发区
29	北京缙阳种植专业合作社	北京市延庆区香营乡上垙村 28 号
30	北京旭世欣华农业科技有限公司	北京市延庆区刘斌堡乡山南沟村西 300 米
31	北京市红福宝养殖专业合作社	北京市延庆区旧县镇大柏老村养殖小区
32	北京双时助农花卉种植专业合作社	北京市延庆区永宁镇新华营村桥东 100 米
33	北京南山健源农业发展有限公司	北京市延庆区永宁镇盛世营村东南 1400 米
34	北京归原生态农业发展有限公司	北京市延庆区康张路与康西路交叉路口往西约 100 米
35	北京金粟种植合作社	北京市延庆区唐家堡村 112 号
36	北京燕云种植专业合作社	北京市延庆区香营村东北 1000 米

2020 年，品牌联盟企业及合作社共计销售延庆优质农产品 8221.25 万元；配送农产品 2750 车次、5000 多吨；网络直播 8 次，累计观看量 200 余万人次。

绿富隆自产基地采用自营物流与第三方物流结合来给客户进行配送，物流车辆一般是厢式货车、金杯车等。

5.2.1.2 绿富隆物流中心物流发展情况

目前，绿富隆共有 2 个物流中心，一个在延庆，一个在大兴，具体情况如下。

1. 延庆物流中心

延庆物流中心，位于大榆树镇大榆树村，占地 2.5 万平方米，中心高低温冷库面积 15000 平方米。现有冷库 6200 平方米，储备容量 6000 吨，净菜、脱水蔬菜、速冻蔬菜年产量可达 3.5 万吨，承担了北京市蔬菜应急储备任务。货物来源主要是延庆有机蔬菜种植基地、农村合作社、"妫水农耕"联盟企业等。一般货物集中到该集散中心，然后由该中心进行加工、分拣、装车、配送。配货工作一般是由邮政在凌晨 2 点左右用其物流车辆配送进城。

绿富隆目前和邮政、顺丰、中通这 3 家快递公司合作，主要是与邮政合作。一般只有在邮政没有布点的地方，才会考虑使用顺丰和中通，和这两家公司合作较少。绿富隆通过战略协议和长期合作方式，与邮政物流公司保持着合作关系。

2016 年，在绿富隆大榆树镇加工基地建立了延庆区农邮通配送中心，现使用农邮通的企业或合作社有绿富隆、北菜园、茂源广发等 37 家。2017 年，共计运输农产品 1620 车次，1860 余吨，其中商超 608 车次，宅配订单 34164 件；2018 年，共计运输农产品 2661 车次，3000 余吨，其中商超 2274 车次，宅配订单 25317

件；2019 年，延庆"农邮通"服务站为 25 家涉农单位配送宅配 18035 单，宅配整车配送 306 车次，商超整车配送 1224 车次。2020 年运输农产品 2750 车次，5000 余吨，其中商超 2370 车次，宅配订单 28736 单。由此可见，绿富隆用农邮通配送的总车次数量基本呈逐年增长趋势，给商超配送的车次数量占比也逐年增长。现绿富隆给商超配送车次用于其他延庆区内单位使用，绿富隆自己的产品仅走宅配订单。B 端客户依然是绿富隆的主要客户。

绿富隆将物流全权交给第三方物流公司，这降低了物流成本，是比较明智的选择，但若将合作社、"妫水农耕"联盟企业的物流资源进行整合并合理利用，则更为明智。2018 年，绿富隆延庆物流中心的物流成本极低，该物流成本只是绿富隆延庆物流中心的，不包括大兴配送中心、农村合作社和"妫水农耕"联盟企业的物流成本。

物流成本低的原因有以下三个。一是自己进城送货费用高，需要交纳进城费、高速费，而用农邮通的话，农邮通按照 7 公斤五环内 13 元、五环外六环内 18 元、六环外 22 元的标准收合作社或企业的快递费，等年终政府按照政府文件标准，补贴邮政公司配送费用，商超订单按车载吨位进行补贴，1 吨位车补贴 200 元，3 吨位车补贴 300 元，宅配订单每单补贴 5 元，邮政公司收到补贴后，按照合作社、企业快递情况，将宅配补贴的每单 5 元返补给合作社、企业，间接降低生产销售单位配送成本。相比较而言，用"农邮通"可以降低物流成本。二是绿富隆的客户比较分散且购买量小，而农邮通配送线路齐全，农邮通可以将货物运送到邮政的站点，再由站点配送，减少了物流成本。三是配送车辆多为回程空载，也没有对货物进行轻重配载，车辆利用率低。邮政所有的物流车辆载重一般是 1 吨和 2 吨，冷链车辆比例小。但将绿富隆系统内的运输需求整体打包给邮政这样一家有实力、有丰富车辆资源及有丰富网络运作经验的第三方物流公司，由其组织货物运输，整合绿富隆的运输配载及空车返程等问题，将能节约一大笔运费。

绿富隆与邮政快递公司已成为战略合作关系。邮政快递在延庆物流中心搭建的服务站统称为农邮通。农邮通所用的物流车辆一般是载重 1 吨的金杯车、载重 3 吨的厢式货车，具体如图 5-3 所示。

目前，绿富隆可用的有 7 辆冷链车，都是邮局提供的，绿富隆之前有 5 辆冷链车，现在处于报废状态，未来有购车计划。邮局的 7 辆车是为全区的合作社、企业服务的，其中包括绿富隆。

物流中心采用自营物流与第三方物流结合来给客户进行配送，物流车辆一般是载重 3～4 吨的厢式货车、载重 1 吨的金杯车等，物流成本占比较高，车辆满载率低，产生物流资源浪费现象。在物流中心中，均为人工，很少使用物流设备，搬运货物的地牛处于常年不用的状态，导致物流运行效率低，人工成本高。延庆物流中心如图 5-4 所示。

图 5-3　邮政快递送货车型

图 5-4　延庆物流中心

2．大兴物流中心

大兴物流中心，位于北京市大兴区西红门路 8 号北京市篮丰蔬菜配送中心院内，面积 110 平方米，冷库为高温库（−5～5℃），可储存蔬菜 100 多吨。农产品一般是由延庆生产基地、农村合作社和与绿富隆有合作的外埠（北京周边省市）生产基地提供。由延庆有机蔬菜种植基地提供的农产品，一般是在满足延庆生产基地后，剩下的由延庆物流中心配送给大兴物流中心。大兴物流中心的农产品有少量农产品来源于绿富隆生产基地。大兴物流中心与延庆物流中心的物流模式相同。物流成本占比较高，车辆满载率低，产生物流资源浪费现象。通过一周的调研发现，早上发货速度慢，导致一定数量的货车在物流中心门口排队时间过长，装卸货均为人工，效率低，时间长，耽误了发货的时间，产生了送货迟到问题，导致客户满意度下降。

该物流中心由绿富隆独立租赁，无其他商家共同租赁，距新发地 6 公里，配货方便。此外，大兴物流中心距北京快行线冷链物流公司很近，距离为400米。

（1）大兴物流中心实际情况。通过对大兴物流中心进行为期7天的实地调研，总结了配送物流车辆的车型、车次、满载率等。目前，进入配送中心的车辆车型为小型敞篷送货车、金杯车、小型厢式货车、小型仓栏车、电动三轮车、大型厢式货车、大型平板货车和大型仓栏车。以下为对7天内收集的数据的汇总。

- 小型敞篷送货车上午时间段内平均车次为17次/天，平均满载率为87%；下午时间段车次为3次/天，平均满载率为100%。
- 金杯车上午时间段内车次为53次/天，平均满载率为43%；下午时间段车次为20次/天，除送货车回到配送中心车辆外，平均满载率为80%。
- 小型厢式货车上午时间段内车次为30次/天，平均满载率为90%；下午时间段车次为23次/天，平均满载率为85%。
- 小型仓栏车上午时间段内车次为0次/天；下午时间段车次为1次/天，平均满载率为100%。
- 电动三轮车上午时间段内车次为3次/天，平均满载率为63%；下午时间段车次为1次/天。
- 大型厢式货车上午时间段内车次为4次/天，平均满载率为95%；下午时间段车次为3次/天，平均满载率为100%。
- 大型平板货车上午时间段内车次为1次/天，平均满载率为100%；下午时间段车次为0次/天。周六日基本没有大型仓栏车来，所以在计算平均次数时，不将周六日纳入计算范畴。
- 大型仓栏车上午时间段内车次为1次/天，平均满载率为95%；下午时间段车次为3次/天，平均满载率约为100%。周六日基本没有大型仓栏车来，所以在计算平均次数时，不将周六日纳入计算范畴。2019年10月22日至10月28日大兴物流中心送货车辆车型、车次、平均满载率数据统计见表5-4。

表5-4 2019年10月22日至10月28日大兴物流中心送货车辆车型、车次、平均满载率数据统计

序号	车型	车次	平均满载率	是否为冷链物流车
1	小型敞篷送货车	上午17车次	87%	否
		下午3车次	100%	
2	金杯车	上午53车次	43%	否
		下午20车次	80%	

序号	车型	车次	平均满载率	是否为冷链物流车
3	小型厢式货车	上午 30 车次	90%	是
		下午 23 车次	85%	
4	小型仓栏车	上午 0 车次	/	否
		下午 1 车次	100%	
5	电动三轮车	上午 3 车次	63%	否
		下午 1 车次	10%	
6	大型厢式货车	上午 4 车次	95%	是
		下午 3 车次	100%	
7	大型平板货车	上午 1 车次	100%	否
		下午 0 车次	/	
8	大型仓栏车	上午 1 车次	95%	否
		下午 2 车次	100%	

以 10 月 22 日早 8 点到下午 5 点为例，具体情况如下。

1）小型敞篷送货车。小型敞篷送货车总质量 2295 千克，具体如图 5-5 至图 5-14 所示。本次调研分为两个时间段，分别为早 8 点到中午 12 点半和下午 1 点到下午 5 点。并记录了不同时间段内本车型进入配送中心的车次数量、满载率、物流情况等。总体而言，小型敞篷送货车满载率适中。

图 5-5　小型货车

图 5-6　给配送中心送南瓜、土豆等

图 5-7　给配送中心送胡萝卜

图 5-8　给配送中心配送成箱和成袋的蔬菜

图 5-9　给配送中心送白菜

图 5-10　生产基地用"快狗打车"给配送站中心送货

在早 8 点到中午 12 点半，进入配送中心的小型敞篷送货车共计 20 车次，给配送中心送货的共计 12 车次，客户自提货物 8 车次。

在给配送中心送货的车次中，有 7 车次的满载率为 100%，其余 5 车次满载率分别为 50%、60%、60%、80%、90%。在给配送中心送货的车次中，4 辆车送的菜是用泡沫箱子或者纸箱子盛放的，另外 6 辆车送的蔬菜是用大塑料袋或者网袋装的，无论是成箱还是成袋，均为带板运输。据观察，这种小型敞篷送货车上午卸货速度快，一般是用人工卸货，卸货时间为 15～20 分钟，待到中午送货车多了之后，会慢下来，卸货时间为 40 分钟到 1 小时。给配送中心送货的车一般为空车返回，在本次调研中有 1 辆车非空车返回，而是将装农产品的塑料筐运回。

在客户自提货物的车次中，有 5 车次的满载率为 100%，其余 3 车次满载率分别为 45%、60%、90%。满载率为 100% 的一般是拉了一整车的洋葱、圆白菜、白菜等，这些蔬菜一般用袋装。据观察，这些提货车一般装货时间和卸货时间相似，早上装货快，中午装货慢，人工装货。

图 5-11　客户自提洋葱

图 5-12　配送中心送货车将塑料筐运回生产基地

在下午 1 点到下午 5 点，进入配送中心的小型敞篷送货车共计 3 车次，给配送中心送货的共计 2 车次，客户自提货物的为 1 车次。这 3 车次满载率均为 100%，运送的蔬菜均是袋装的。

图 5-13 客户自提满车洋葱

图 5-14 客户自提满车土豆

2）金杯车。金杯车总质量 2800 千克，具体如图 5-15 至图 5-18 所示。本次调研分为两个时间段，分别为早 8 点到中午 12 点半和下午 1 点到下午 5 点。并记录了不同时间段内本车型进入配送中心的车次数量、满载率、物流情况等。总体而言，金杯车满载率低。

图 5-15 金杯车

图 5-16　顺丰金杯车

在早 8 点到中午 12 点半，进入物流中心的金杯车共计 64 车次（包括重复进入配送中心的车次、早上送货回来的车次），其中包括 5 辆货拉拉和 1 辆顺丰快递的车。其中，给配送中心送货的共计 10 车次，给客户送货、客户自提货物和送货回来的货车共计 54 车次。

在给物流中心送货的车次中，有 6 车次的满载率为 100%，其余 4 车次满载率分别为 30%、40%、70%、70%。在给配送中心送货的车次中，6 辆车送的菜是用泡沫箱子或者纸箱子盛放的，另外 4 辆车送的蔬菜是用大塑料袋或者网袋装的，无论是成箱还是成袋，均为带板运输。据观察，这种金杯车上午卸货速度和小型敞篷车类似，一般是用人工卸货，卸货时间为 15～20 分钟，待到中午送货车多了之后，会慢下来，卸货时间为 40 分钟到 1 小时。给配送中心送货的车一般为空车返回。

在客户自提货物的车次中，有 2 车次的满载率为 100%，有 2 车次的满载率为 75% 和 80%，其余车次满载率分别为 20%～40%。据观察，这些提货车一般装货时间和卸货时间相似，早上装货快，中午装货慢，一般是人工装货。

图 5-17　客户自提货物

在下午 1 点到下午 5 点，进入配送中心的金杯车共计 24 车次（包括 1 辆货拉拉），给配送中心送货的共计 2 车次，给客户送货或者客户自提的为 3 车次。给配送中心送货的车 2 车次的满载率分别为 60%和 90%。给客户送货或者客户自提货物的 3 车次中，有 2 车次的满载率为 100%，一辆送的开胃饮料，一辆送的袋装的蔬菜。其余 1 车次满载率为 50%。下午，金杯车空车进去，不出来的居多，据了解为上午送货的车回来。

图 5-18　金杯车送货回来

3）小型厢式货车。小型厢式货车总质量 4495 千克，具体如图 5-19 所示。本次调研分为两个时间段，分别为早 8 点到中午 12 点半和下午 1 点到下午 5 点。并记录了不同时间段内本车型进入配送中心的车次数量、满载率、物流情况等。总体而言，小型厢式货车满载率适中。

图 5-19　小型厢式货车

在早 8 点到中午 12 点半，进入配送中心的小型厢式货车共计 35 车次，其中包括 1 辆快狗打车的车，1 辆总质量 3750 千克的厢式货车。小型厢式货车装货 30

分钟。调研发现，进入配送中心的小型厢式货车均为冷链物流车辆，其中北京快行线冷链物流公司的车辆大约有 10 车次，约占总车次的 29%。

在下午 1 点到下午 5 点，进入配送中心的小型厢式货车，总质量一般为 4495 千克，共计 27 车次。其中，有 2 辆载重 2 吨的货车，有 1 辆总质量 5950 千克的厢式货车。

4）小型仓栏车。小型仓栏车车长 5 米，满载率 100%，用人工装卸货，装货 30 分钟。具体如图 5-20 所示。

图 5-20 小型仓栏车

5）电动三轮车。电动三轮车载重量为 500 千克，具体如图 5-21 所示。本次调研分为两个时间段，分别为早 8 点到中午 12 点半和下午 1 点到下午 5 点。并记录了不同时间段内本车型进入配送中心的车次数量、满载率、物流情况等。总体而言，电动三轮车满载率低。

图 5-21 电动三轮车

电动三轮车只在上午的调研过程中出现,在早 8 点到中午 12 点半的这个时间段内,进入配送中心的电动三轮车共计 4 车次。其中,2 车次的满载率为 100%,这两辆车拉的是圆白菜。其余车次中,1 车次的满载率为 50%,另一车次只装了一箱水果,满载率几乎为 0。

6)大型厢式货车。大型厢式货车,载重量为 18～55 吨,具体如图 5-22 所示。本次调研分为两个时间段,分别为早 8 点到中午 12 点半和下午 1 点到下午 5 点。并记录了不同时间段内本车型进入配送中心的车次数量、满载率、物流情况等。总体而言,大型厢式货车满载率高。

图 5-22   大型厢式货车

在早 8 点到中午 12 点半,进入配送中心的小型厢式货车共计 6 车次,包括 2 辆载重为 18 吨的厢式货车,3 辆载重为 35 吨的厢式货车,1 辆载重为 55 吨的厢式货车。

在下午 1 点到下午 5 点,进入配送中心的大型厢式货车共计 4 车次,均为给配送中心送货的车辆。其中,2 辆车是从山东的生产基地运送到配送中心,满载率为 100%。其余 2 车次满载率也约为 100%。

7)大型平板货车。大型货车,载重 18 吨,只有上午出现 1 辆,在 8 点前已经进入配送中心,满载率 100%,装货或者卸货 1 小时。

8)大型仓栏车。大型仓栏车载重为 36 吨。本次调研分为两个时间段,分别为早 8 点到中午 12 点半和下午 1 点到下午 5 点。并记录了不同时间段内本车型进入配送中心的车次数量、满载率、物流情况等。总体而言,大型厢式货车满载率高,具体如图 5-23 所示。

上午时间段在配送中心停留了一辆大型仓栏车,满载率为 100%,车辆上的货物未入库,直接用人工装到其他车上配送给客户。

图 5-23　大型仓栏车

下午时间段，大型仓栏车共计 2 辆。其中，1 辆仓栏车载重 36 吨左右，满载率为 100%，货物无包装。另 1 辆仓栏车载重 38 吨，满载率为 90%。

（2）实地调研情况分析。首先，通过对大兴物流中心一天的实地调研发现，配送中心早 8 点到早 9 点的装卸货速度快，从 9 点到中午 12 点半装卸货速度变慢。原因是 9 点到 12 点之间给集散中心送货及集散中心给客户配送、客户自提多，物流组织协调性难度加大，从而导致了装卸货速度变慢，且装卸货都是用人工，效率低下。

随着中午人流量增多，配送中心货车出入的主要路口发生拥堵。主要是因为道路一侧违规停车、外埠基地给配送中心配送货物的大型车辆从中午 12 点开始送货、12 点后集散中心送货车辆开始陆续回来并违规停在道路旁，具体如图 5-24 至图 5-28 所示。

图 5-24　配送中心给客户配送车辆及其他私人车辆违规停车

图 5-25　配送中心出入道口拥堵及车辆违规停车

图 5-26　配送中心出入道口车辆违规停车

图 5-27　中午 12 点配送中心车辆陆续在路边停靠

图 5-28 下午 3 点左右配送中心送货车辆开离违规停车位置

据实际调研结果发现，该配送中心一般为上午给客户配送，下午配送的少。从中午 12 点开始为各供应商给配送中心配送时间，外埠基地和合作社的农产品相继被配送到大兴物流中心。且从下午 1 点半开始，大型配送中心出去给客户送货的金杯车和小型厢式货车开始陆续从路边开进配送中心。

5.2.1.3 绿富隆服务客户的直营门店

绿富隆的客户分布在延庆、通州、大兴、东城、西城、海淀等区。

在北京有 2 个直营门店，一个在延庆总部一层底商，一个在国防大学，除此外，还在延庆区中心的首农生鲜超市有 1 个展位。

（1）延庆直营店。目前，在延庆的直营店内，除了销售绿富隆自产的农产品外，还销售与绿富隆合作的合作社生产的农产品、延庆区优质农产品、绿富隆扶贫地区生产的农产品。其中"妫水农耕"联盟企业是由绿富隆牵头，带领延庆区优质农产品做的；绿富隆扶贫地区生产的农产品一般来自河南、乌兰察布等地，如图 5-29 和图 5-30 所示。

延庆直营店自有货车是一辆总质量为 2315 千克、车长为 4 米的厢式货车和两辆私家车（小型轿车），一般是在每周一和周四去生产基地自提农产品。除周一和周四外，门店可以在和基地约好后，去自提货物。如果需求量大，就开厢式货车去，需求量小，就开私家车去。在司机到达生产基地后，如果司机到的时间，工人刚把农产品采摘好即直接装车，如果司机到得晚，基地则先把农产品放到冷库里。

（2）国防大学直营门店。国防大学直营门店位于海淀国防大学校区内，由于国防大学管理严格，一般只允许校内人员进入，因此国防大学直营门店一般只服务国防大学教职工及家属。一般是由绿富隆延庆生产基地给国防大学送货，每天早上 6 点左右用金杯车配送 500 斤左右的蔬菜和水果。

图 5-29　"妫水农耕"联盟的产品

图 5-30　对接帮扶产品

5.2.1.4　绿富隆农产品物流网络结构发展现状

通过实际调研及与绿富隆工作人员研究讨论，对绿富隆农产品物流网络结构进行现状描述并分析。目前，绿富隆农产品物流网络结构在整体上呈树状－星状混合型物流网络结构，如图 5-31 所示。

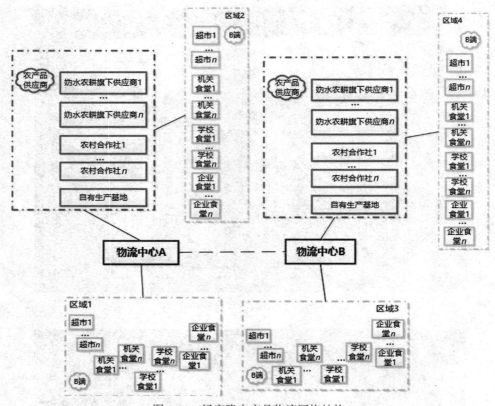

图 5-31　绿富隆农产品物流网络结构

5.2.2　绿富隆物流系统问题分析

绿富隆物流配送联盟的目标为"妫水农耕"联盟企业的营销流通体系与第三方配送公司合作，即包即送、全程冷链，打造从田间到餐桌的 4.5 小时投递圈，保证产品新鲜度，降低了配送成本。但是，绿富隆并没有达到该目标。配送过程中，存在诸多问题导致离实现从田间到餐桌的 4.5 小时投递圈这个目标还有一定的距离。其存在一定的问题，具体如下。

1. 物流成本高

绿富隆物流成本高是盈利少的原因之一。多年来，绿富隆物流成本居高不下。农产品采用直达式运输模式且数量少，造成了物流资源的浪费、单位物流成本高等问题，且农产品物流网络未形成网状效应和聚合力。农产品经过物流中心中转，但量值未达到一定程度时，未产生规模效益，导致物流成本未下降，甚至因绕道、周转而增加。

绿富隆物流成本主要是运输成本、冷库租金、信息系统成本和其他，占总成本比重高。为实现绿富隆发展目标，促进公司发展战略顺利进行，满足绿富隆现有降低物流成本的需求，应采取措施降低物流成本。

2. 物流运行效率低

绿富隆物流作业标准化和专业化程度较低，导致物流运行效率低。在实际调研过程中发现，绿富隆物流标准体系未实现标准化管理，农产品包装杂乱，仅能人工进行搬运，导致物流运行效率低。而且，绿富隆相关物流基础设施、信息系统较为落后，整个物流网络各部分仅注重自身利益最大化，未形成合力，导致物流网络整体运行效率低。

3. 物流资源利用率低

物流基础设施是指物流各要素在物流活动过程中所使用的各种各样的公用设施，在这里主要是运输和存储设施。运输方面，绿富隆只有门店拥有自有车辆，其他均交给第三方物流公司。存储方面，绿富隆现有的冷库利用率很低，甚至一大部分冷库处于闲置状态。

据实际调研发现，绿富隆现有 3 块仓储用地，其中包括生产基地、延庆物流中心和大兴物流中心。生产基地和延庆物流中心由绿富隆自建，大兴物流中心是租赁的。生产基地空置率约为 60%，延庆物流中心空置率约为 75%。生产基地空置率低于延庆物流中心的原因是生产基地将一个 100 平方米的冷库租赁出去，降低了物流成本。但生产基地和延庆物流中心的空置率依然很高。大兴物流中心的空置率为 30%。总体而言，绿富隆物流资源利用率低，如图 5-32 所示。

图 5-32 绿富隆冷库利用率低

在绿富隆自有仓储用地大量闲置的情况下，绿富隆现在还计划充分利用延庆现有的 31 处冷库资源，这些冷库资源有集体产权的，集体产权的有乡镇的或村委会的，也有个人产权的。绿富隆对这 31 处冷库资源仍有需求的主要原因是绿富隆现在在做"妫水农耕"联盟企业的营销流通体系建设，涉及不同地区的产品存储。

在物流设施方面，利用率低且冷链率低。现绿富隆的三处库房，基本有 50%以上处于闲置状态，物流设施的利用率低，需要采取措施解决资源闲置问题。国外的冷链使用率基本达 60%，国内仅为 10%，而绿富隆的冷链率低于国内的 10%。据实地调研发现，绿富隆的冷库基本很少启动制冷，延庆物流中心所用的物流车辆一般不是冷链车，大兴配送中心的冷链率为 37%，冷链率低，目前绿富隆延庆物流中心主要运用第三方物流邮政的车辆，所用的冷链物流车辆极少导致了冷链利用率低，难以保鲜。而大兴物流中心虽然冷链车辆利用率达 37%，基本不开制冷设备，冷链利用率低，导致了农产品损耗量大。

4. 组织架构不健全，层级分工不明确

作为一家全产业链型的农产品"生产+加工+运输+销售"企业，绿富隆早已经建立起自己的物流体系，其内部物流更多服务于企业内部物流运输和仓储业务。绿富隆拥有自建物流仓储场地 2.5 万平方米，租用物流仓储场地 110 平方米，物流运输车辆均由第三方物流公司邮政公司提供，现未设置物流部门。现物流利用率低、物流的低效运行等问题影响着绿富隆物流资源效能最大化。另外绿富隆现行物流系统各模块职能分配不明确，导致没有销售部和物流部这两个重要部门，缺乏整体规划。

从绿富隆的组织架构及实际情况来看，从事物流工作的人员主要集中在仓储人员、农产品加工人员以及物流车辆调度上，物流专业管理人才极其缺乏。没有物流专业管理人才使物流部门的工作缺乏整体规划性、科学性。且两个集散中心没有物流部门的统一领导，各自为政，以各自的利益最大化为目标。两个集散中心在物流方面没有统一的规章制度及标准，导致公司物流工作效率低。

目前，绿富隆的销售工作分为四部分，一是延庆生产基地及合作社等针对延庆的 B 端客户销售工作，二是针对购买 VIP 年卡、季卡和月卡的 C 端客户的销售工作，三是门店及首农超市摊位的销售工作，四是大兴物流中心对其 B 端和 C 端客户的销售工作。由于没有专门的销售部门，绿富隆没有打出品牌效应。也正是因为没有销售部门，导致了员工要干的工作杂而多，工作效率低下，且使员工一直处于忙碌状态，不利于员工的发展。

5. 物流网络亟待优化

现有物流网络结构不利于绿富隆在北京市形成聚合力和网状效应，导致物流资源浪费、物流成本高。同时，现有物流网络规模不能满足未来绿富隆发展需求，不利于促进绿富隆未来发展策略顺利实施，建议优化物流网络布局。

5.3　绿富隆物流系统优化设计建议

本部分针对绿富隆物流系统中存在的问题，运用文献研究法、实地调研法、案例分析法、模型分析法总结出以下建议。

5.3.1　物流网络合理布局

目前，绿富隆有两个集散中心，分别位于延庆和大兴，服务的区域包括延庆区、昌平区、海淀区、西城区、东城区、通州区、大兴区等。

基于海淀区为促进绿富隆发展做出了一定的贡献，绿富隆应更好地服务海淀区，未来绿富隆首要服务范围将覆盖整个海淀区，所以物流网络合理布局对绿富隆至关重要。本部分以海淀区为例，对绿富隆物流网络进行合理布局。

海淀区农产品产量小且呈逐年下降的趋势。2018 年中国居民膳食指南中，建议每人每日至少食用 300g 蔬菜和 200g 水果，相当于海淀区常住人口蔬菜年需求量为 38 万吨，水果年需求量为 25 万吨。海淀区目前农产品产量远不能满足海淀区常住人口的生活需求，需要从外省或者北京市其他区购进来满足日常需求。然后，就是可行性，北京市农产品批发市场具有可租用的用于经营的门店和用于储存的冷库，一旦选中北京市农产品批发市场，可以执行后续操作。而且，农产品批发市场上销售的农产品品质有保障，均经过批发市场的检验，且能满足绿富隆的最大需求量。综上考虑，从北京市农产品批发市场采购是最佳选择。

未来，绿富隆要服务海淀区，本部分的客户节点定为海淀区 22 条街道和 7 个镇。街道包括清河、西三旗、海淀、田村路、北太平庄、学院路、青龙桥、马连洼、中关村、羊坊店、花园路、万寿路、北下关、八里庄、紫竹院、曙光、甘家口、上地、香山、永定路、清华园、燕园。镇包括西北旺镇、上庄镇、东升镇、温泉镇、苏家坨镇、海淀镇、四季青镇。集散中心包括现有的延庆物流中心、大兴物流中心，备选集散中心为昌平南口批发市场、黑庄户批发市场、顺义石门批发市场、八里桥批发市场、大洋路批发市场、新发地批发市场、岳各庄批发市场。通过采用百度地图，科学地计算出各集散中心与各客户点之间的实际距离及运输时间，从而可为最大覆盖模型的建立提供依据，用最大覆盖模型来解决集散中心的最佳选址问题，具体见表 5-5 和表 5-6。

表 5-5　集散中心到客户之间距离　　　　　　　　单位：km

客户	集散中心								
	延庆物流中心	大兴物流中心	昌平南口	黑庄户	顺义石门	八里桥	大洋路	新发地	岳各庄
清河	69.1	33.2	31.5	39.9	37.9	36.5	31	28.5	25.4
西三旗	69.9	31.4	32.3	38.1	36.2	34.8	29.2	29.1	25.6
海淀	73.8	32.3	42.9	38.5	42.4	41.8	38.6	27.6	15
田村路	95	24.2	59.5	44.4	53.5	44.6	30.5	22.1	6.8
北太平庄	73	21	44.1	32.2	43.7	30.4	20.2	18.6	16.9
学院路	67.1	25.3	38.7	34.9	38.3	33.3	26.7	22.9	18.7
青龙桥	77.8	32.5	40.2	47.3	45.2	43.8	39	30.2	15.6
马连洼	63.4	38.5	32.9	46.6	44.7	43.3	37	36	21.4
中关村	73.2	32.8	43.5	38.7	42.5	35.6	25.9	30.5	15.9
羊坊店	81.8	16.7	52	34.7	51.4	36	23.4	14.4	7.6
花园路	68.5	25.5	39.5	34.5	37.8	32.8	21.2	23.2	21.8
万寿路	80.9	21.6	51.1	41.9	52.3	47.9	28	19.2	4.6
北下关	72.9	22.6	43.9	38.6	41.1	34.1	29.1	20.1	15.2
八里庄	78.2	20.6	48.4	36.6	47.6	38.5	23.9	18.3	9.1
紫竹院	76.6	22	46.7	42.6	46.4	35.6	25.3	19.7	12
曙光	74	27.5	44.2	49.2	45.9	40.9	33.9	25.1	10.6
甘家口	78.6	20.6	48.8	36.6	48	35.5	23.9	18.3	9.6
上地	60.3	35.4	30.5	42.8	58.4	41.1	38.2	33	23.2
香山	73.6	39.3	43.8	50.9	48.7	47.3	43.5	38.4	20.1
永定路	81.1	21.9	51.3	42.1	52.5	48.1	28.2	19.4	4.9
清华园	69.1	35.1	39.3	38	40.8	36.3	29.7	32.7	18.3
燕园	84	27.9	41.8	39.4	42.3	37.7	31.2	29.5	14.9
西北旺镇	61.4	39.8	31.6	46.4	59.5	44.6	39.1	37.4	22.9
上庄镇	55.5	63.1	25.6	52.7	53.5	51	45.7	62.1	29.8
东升镇	68	34.4	38.2	37.1	40	35.4	28.9	31.9	17.4
温泉镇	62.2	62.3	26.3	52.9	60.1	51.2	45.6	44	29.4
苏家坨镇	56.2	62.5	26.4	58.8	54.1	57.1	66.7	61.5	43.3
海淀镇	70	30.7	40.1	41.1	45.1	39.4	37.1	28.3	13.7
四季青镇	74.7	28.2	44.9	43.3	46.2	41.6	34.6	25.8	11.2

表 5-6　集散中心到客户之间运输时间　　　　　　　　　　　　单位：min

客户	集散中心								
	延庆物流中心	大兴物流中心	昌平南口	黑庄户	顺义石门	八里桥	大洋路	新发地	岳各庄
清河	67	65	34	58	52	50	59	56	41
西三旗	69	62	35	57	51	49	57	55	44
海淀	83	51	48	68	62	60	54	52	29
田村路	86	40	54	63	76	69	46	36	17
北太平庄	85	48	49	65	61	61	54	41	32
学院路	76	53	42	62	55	53	51	46	34
青龙桥	72	47	41	68	59	57	52	42	29
马连洼	73	59	34	66	62	60	66	50	35
中关村	85	49	50	68	61	62	60	45	29
羊坊店	93	31	60	50	70	57	36	27	19
花园路	76	48	40	54	51	51	50	45	31
万寿路	95	35	54	54	62	65	41	33	13
北下关	88	43	47	60	53	57	47	41	29
八里庄	93	34	51	57	61	63	38	31	19
紫竹院	90	34	50	54	59	58	42	31	21
曙光	85	36	46	59	58	57	38	34	17
甘家口	95	34	55	57	64	65	40	33	18
上地	67	54	29	66	49	56	60	53	33
香山	83	40	41	71	56	57	48	35	25
永定路	95	35	54	54	63	62	38	37	15
清华园	83	50	44	61	55	56	51	47	30
燕园	81	42	43	55	53	52	49	40	23
西北旺镇	70	51	30	67	50	54	57	49	31
上庄镇	66	64	26	68	45	59	62	55	45
东升镇	80	45	40	55	53	51	46	43	26
温泉镇	71	67	40	82	50	71	71	62	43
苏家坨镇	64	59	25	81	44	71	65	53	40
海淀镇	81	37	40	55	58	52	43	36	19
四季青镇	87	33	44	55	60	53	39	32	15

　　根据百度地图提供的数据发现，集散中心到客户点的时间在 13～95 分钟之间。目前，盒马鲜生、每日优鲜、顺丰优选、便利蜂等公司销售农产品的配送时间一般为 30 分钟到一小时内，客户对农产品品质的要求逐渐增高，要求送货时间也要更快。未来，绿富隆为了满足客户要求，可以将配送时间设定在 1 小时。而且，绿富隆打造从田间到餐桌的 4.5 小时投递圈，从田间地头采摘农产品，待农产品够整车时，进行发货。农产品从田间被运到集散中心，在冷库中储存，待客户下订单后，从冷库中取出，配送给客户。这一流程中，涉及田间地头采摘时间、装卸搬运时间、从产地到集散中心的配送时间、从集散中心到客户的配送时间。而且，农产品具有易腐败的特性，配送时间越短越好。综上所述，将绿富隆为海淀提供农产品的配送时间设定为 1 小时，通过选取备选中心来打造绿富隆一小时配送圈，从而为绿富隆打出品牌效应。

　　首先，现有两个集散中心不能满足 1h 配送圈实现对海淀区客户的全覆盖。然后，在备选集散中心中寻找所有候选地址满足 1h 配送要求的各自需求点集合 S，见表 5-7。

表 5-7　选址点覆盖范围集合 S

集散中心名称	1h 车程覆盖范围
A 昌平南口	清河、西三旗、海淀、田村路、北太平庄、学院路、青龙桥、马连洼、中关村、羊坊店、花园路、万寿路、北下关、八里庄、紫竹院、曙光、甘家口、上地、香山、永定路、清华园、燕园、西北旺镇、上庄镇、东升镇、温泉镇、苏家坨镇、海淀镇、四季青镇
B 黑庄户	清河、西三旗、羊坊店、花园路、万寿路、北下关、八里庄、紫竹院、曙光、甘家口、香山、永定路、燕园、东升镇、海淀镇、四季青镇
C 顺义石门	清河、西三旗、学院路、青龙桥、花园路、北下关、紫竹院、曙光、上地、香山、清华园、燕园、西北旺镇、上庄镇、东升镇、温泉镇、苏家坨镇、海淀镇、四季青镇
D 八里桥	清河、西三旗、海淀、学院路、青龙桥、马连洼、羊坊店、花园路、万寿路、北下关、紫竹院、曙光、上地、香山、清华园、燕园、西北旺镇、上庄镇、东升镇、海淀镇、四季青镇
E 大洋路	清河、西三旗、海淀、田村路、北太平庄、学院路、青龙桥、中关村、羊坊店、花园路、万寿路、北下关、八里庄、紫竹院、曙光、甘家口、上地、香山、永定路、清华园、燕园、西北旺镇、东升镇、海淀镇、四季青镇
F 新发地	清河、西三旗、海淀、田村路、北太平庄、学院路、青龙桥、马连洼、中关村、羊坊店、花园路、万寿路、北下关、八里庄、紫竹院、曙光、甘家口、上地、香山、永定路、清华园、燕园、西北旺镇、上庄镇、东升镇、温泉镇、苏家坨镇、海淀镇、四季青镇

集散中心名称	1h 车程覆盖范围
G 岳各庄	清河、西三旗、海淀、田村路、北太平庄、学院路、青龙桥、马连洼、中关村、羊坊店、花园路、万寿路、北下关、八里庄、紫竹院、曙光、甘家口、上地、香山、永定路、清华园、燕园、西北旺镇、上庄镇、东升镇、温泉镇、苏家坨镇、海淀镇、四季青镇

其次根据本部分集散中心和客户点间距离和时间数据知，在配送时间方面，从岳各庄到客户点的配送时间最短，新发地和昌平南口配送时间基本相同；在配送距离方面，从岳各庄到客户点的配送距离最短，其次是新发地，然后是昌平南口；在建设成本方面，由于绿富隆需要租一个冷库，因此建设成本一般包括仓租，新发地和岳各庄均位于四环内，昌平南口市场位于六环外，昌平南口市场的仓租比新发地和岳各庄的仓租便宜。应将三者的运输成本和仓成本之和做对比，从而选出总成本最小的作为集散中心。在绿富隆服务海淀后，大大增加了销售量，运输成本会大大提升，建议绿富隆选择岳各庄批发市场作为集散中心。

5.3.2 农产品物流网络结构

本部分从建设成本、效率、可靠性这三大特点对物流网络结构进行分析。

物流网络结构建设成本是由网络中物流节点和线路的建设费用构成的。物流网络中的物流节点个数和节点间的连接线路总长度对建设成本影响大。假定物流网络结构中节点数量相同，在对各物流网络结构建设成本进行比较时，仅考虑节点间线路的建设费用。线状物流网络结构的建设成本最低，完全图物流网络结构的建设成本最高，星状物流网络结构、树状物流网络结构、轴辐式物流网络结构的建设成本较高，网状物流网络结构的建设成本稍高。星状物流网络结构的建设成本大于轴辐式物流网络结构，轴辐式物流网络结构的建设成本大于树状物流网络结构。

物流网络结构效率高低取决于物流网络中物流节点间的连线长度和中转次数。货物通过物流网络以短时间、低成本到达既定的收货点，则该物流网络结构具有高效率。一般情况下，用物流网络的平均路径长度来对物流网络结构的效率进行评价。平均路径长度短的物流网络效率高。线状物流网络结构的效率最低，完全图物流网络结构的效率最高，星状物流网络结构和轴辐式物流网络结构的效率较高，树状物流网络结构和网状物流网络结构的效率稍高。

物流网络结构可靠性是指物流网络中一些物流节点消失后，物流网络能否正常运行。一般情况下，通过对物流节点度的分析来评价物流网络结构的可靠性，物流网络中节点度比较大，则物流网络结构的可靠性强。若物流网络中大多物流节点度小，仅有极少数物流节点度大，则此物流网络具有对蓄意攻击的脆弱性和随机攻击的可靠性。线状物流网络结构的可靠性最弱，完全图物流网络结构的可靠性最强，星状物流网络结构和网状物流网络结构的可靠性稍弱，树状物流网络结构和轴辐式物流网络结构的可靠性稍强。物流网络结构特点见表5-8。

表 5-8　物流网络结构特点

物流网络结构分类	建设成本	效率	可靠性
线状物流网络结构	最低	最低	最弱
星状物流网络结构	较高	较高	稍弱
树状物流网络结构	较高	稍高	稍强
轴辐式物流网络结构	较高	较高	稍强
网状物流网络结构	稍高	稍高	稍弱
完全图物流网络结构	最高	最高	最强

目前，农产品物流网络中可分为多个阶段，当物流网络中物流节点为上游供应商、农产品物流中心、客户需求点时，农产品物流网络主要包括上游供应商间及到下一级物流节点，从上一级物流节点到物流中心、物流中心间及从物流中心到下一级物流节点，从上一级物流节点到客户及客户间等3个阶段。农产品物流网络各阶段构成农产品物流网络结构，呈星状-轴辐式混合物流网络结构，如图5-33所示。本节主要研究的是在农产品物流网络3个阶段中，物流网络结构的适用性。

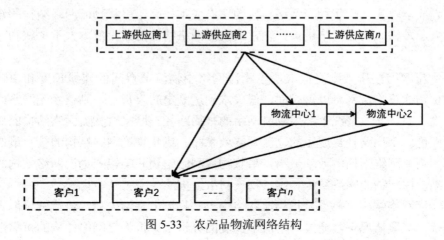

图 5-33　农产品物流网络结构

1. 农产品物流网络结构适用性研究

首先研究的是上游供应商间及到下一级物流节点这一阶段。在这一阶段中，上游供应商 1、上游供应商 2、上游供应商 3 等均可以直接配送给客户 1 或物流中心。本部分采用的是星状物流网络结构，采用的是直达式配送模式。该物流网络结构物流成本高，物流资源产生浪费现象，但时效性快。

上游供应商 1 也可先到上游供应商 2 处配货，再到上游供应商 3 处配货，再配送给客户 1 或物流中心。本部分采用的是线状物流网络结构和共同配送模式。该物流网络结构时效性稍差，但物流成本降低且节省了物流资源。阶段一物流网络结构示例图（左为星状物流网络，右为线状物流网络）如图 5-34 所示。

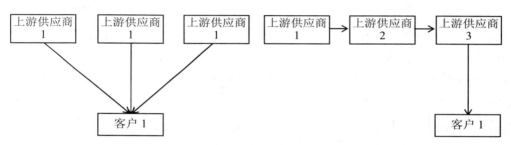

图 5-34　阶段一物流网络结构示例图（左为星状物流网络，右为线状物流网络）

通过研究发现，星状物流网络结构适用于高值或单次订单需求量大的易腐类农产品。消费者一般对高值农产品的口感、新鲜度要求更高，所以针对此类农产品一般采用星状物流网络结构。一般对于低值或订单需求量小的农产品采用线状物流网络结构。

总体来看，在这一阶段应根据企业实际情况在物流网络结构间进行科学选择。在农产品为高价值产品或单次订单需求量大时，建议选用星状物流网络结构；在农产品为低值产品或单次订单需求量小时，建议选用线状物流网络结构。科学选择物流网络结构可以促进企业降本增效提质。

2. 物流网络适用性研究

其次研究的是从上一级物流节点到物流中心、物流中心间及从物流中心到下一级物流节点这一阶段。在这一阶段中，农产品从上游供应商处汇集到物流中心 1、物流中心 2、物流中心 3 等，再从物流中心 1、物流中心 2、物流中心 3 辐射到客户需求点处，且物流中心 1、物流中心 2、物流中心 3 之间存在农产品调拨。本部分采用的是轴辐式物流网络结构，该物流网络结构在物流中心物流量达到一定程度时，获得规模效益，从而降低单位物流成本，使整个物流网络效益最大化。

但该物流网络结构也产生了绕道成本，当物流中心物流量未达到一定程度时，无法获得规模效益，会导致物流成本比直达式配送模式更高，且轴辐式物流网络结构的时效性与星状物流网络结构比较差。阶段二物流网络示例图（轴辐式物流网络结构）如图 5-35 所示。

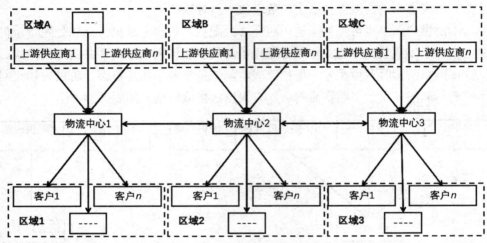

图 5-35　阶段二物流网络示例图（轴辐式物流网络结构）

在本阶段中，上游供应商需考虑当物流量未达到一定程度或距离较近时，轴辐式物流网络成本高于星状物流网络成本，选择星状物流网络结构，否则选用轴辐式物流网络结构。从物流中心到下游客户同上，本部分不再详细阐述。

还需考虑物流中心间是否有农产品调拨，如农产品调拨为单向，物流车辆存在空车返程问题，造成物流资源浪费。若物流中心间未有农产品调拨，则物流中心间无联系，物流中心独立运营，存在竞争关系，没有形成网络合力，造成了物流网络局部利益最大化，而非物流网络整体利益最大化。若物流中心间为农产品双向调拨，则减少了空车返程问题，节约了物流资源，且使各物流中心的农产品种类更加丰富，从而更好地满足顾客需求。

总体来看，在这一阶段，当企业物流中心物流量达到一定程度时，建议企业采用轴辐式物流网络结构，从而获得规模效益，降低企业单位物流成本。农产品物流中心间存在双向调拨，使企业节约物流资源且降低物流成本，使物流中心间相互协同运作，从而使物流网络整体利益最大化。所以在企业实际运行条件允许的情况下，建议企业采用多物流中心间双向调拨，从而更好地促进企业未来发展。

3. 物流网络适用性研究

最后研究的是从上一级物流节点到客户及客户间这一阶段。在这一阶段中，上游供应商1或物流中心可以直接配送给客户1、客户2、客户3等。本部分采用的是星状物流网络结构，采用的是直达式配送模式。该物流网络结构物流成本高，物流资源产生浪费现象，但时效性快。

上游供应商1或物流中心也可先配送给客户1，再配送给客户2，再配送给客户3。其次，物流车辆也可以经过多个上游供应商完成配货，再配送给客户。本部分采用的是线状物流网络结构和共同配送模式。该物流网络结构时效性稍差，但物流成本降低且节省了物流资源。阶段三物流网络结构示例图（左为星状物流网络，右为线状物流网络）如图5-36所示。

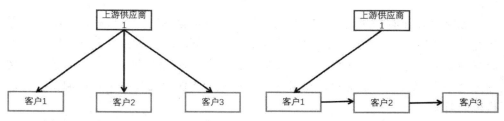

图 5-36　阶段三物流网络结构示例图（左为星状物流网络，右为线状物流网络）

通过研究发现，星状物流网络结构适用于高价值或单次订单需求量大的易腐类农产品。消费者对高价值农产品的口感、新鲜度要求更高，所以针对此类农产品一般采用星状物流网络结构。对于低价值或订单需求量小的农产品一般采用线状物流网络结构。

总体来看，在这一阶段应根据企业实际情况在物流网络结构间进行科学选择。在农产品为高价值产品或单次订单需求量大时，建议选用星状物流网络结构；在农产品为低价值产品或单次订单需求量小时，建议选用线状物流网络结构。科学选择物流网络结构可以促进企业降本增效提质。

5.3.3　物流资源整合

首先，绿富隆需要将自身的优势资源整合，从而使产业融合、资源融合、发展契合、政策对接、规划对接、项目对接、体系建设、网络建设和机构建设等。绿富隆的优势资源有国企标准、政府支持、全产业链资源、渠道平台资源、物流资源、土地房屋资源等。根据目前绿富隆实际情况，优势资源中的物流资源亟待整合，如图5-37所示。

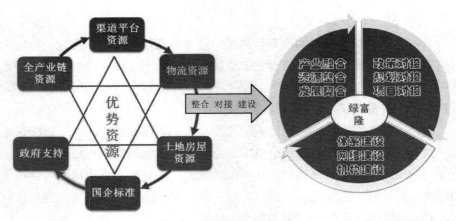

图 5-37　绿富隆优势资源整合

绿富隆存在着物流资源浪费的现实问题主要是仓库空置率较高,资源没有得到充分利用,从而反映其管理效率及水平低下。可以从表 5-9 中看出,绿富隆生产基地仓库空置率高达 60%,延庆加工厂仓库空置率高达 75%,大兴配送中心仓库空置率为 30%。总体而言,绿富隆物流资源浪费现象已经到了必须加以修正和规范的时刻了。

表 5-9　绿富隆仓储用地空置率

仓储用地名称	用途	面积	空置率	备注
生产基地	储存种子、化肥、包材、农产品等	1500 平方米	60%	自建。现共有 3 个冷库,2 个常温库。其中一个 100 平方米的冷库已出租
延庆加工厂	储存农产品,并承担了北京市蔬菜应急储备任务	6200 平方米	75%	自建
大兴配送中心	储存农产品	110 平方米	30%	租赁

此外,绿富隆门店、农村合作社、"妫水农耕"联盟三方各有物流车辆,但这些物流车辆仅供其自用。比如绿富隆门店的厢式货车,仅每周一和周四上午去生产基地拉菜,其他时间处于闲置状态,造成了物流资源的浪费。而农村合作社和"妫水农耕"联盟的物流车辆也有类似情况发生。综上所述,绿富隆门店、农村合作社、"妫水农耕"联盟这三方物流资源也需整合,使物流资源发挥更大的作用,也为各方带来收益。

在进行物流资源整合前,绿富隆应先根据实际情况制定物流资源整合的目标,然后对物流资源整合条件进行分析，从而制定物流资源整合策略。

目前，绿富隆延庆物流中心发出的货物由于客户所需产品数量小，均未实现整车发货，而是按每单发货，每单在 7 公斤以内，每单的价格为五环里 13 元、五环外六环里 18 元、六环外 22 元，国家每单补助 5 元。数量小，没有形成规模效益。可以将绿富隆、"妫水农耕" 联盟的产品集中发货，实现共同配送，减少物流资源的浪费，也可获得规模效益。

除此外，还可以共享客户、共享销售渠道，从而进行物流资源的整合。共享客户是通过共享系统内各方的客户，集团将掌控客户终端，可跨品牌整合各企业经销商和供应体系，打造集中化、专业化的信息平台，简化通路结构，对零售终端加强客户掌控、提升谈判优势，并使品牌聚焦于品牌力和销售力的建设。共享销售渠道是通过开放共享系统内各企业的经销和供应体系，集团可实现跨品类集中配送，最优化客户服务品质、最大化供应链利用效率。

目前，绿富隆没有专门的物流部门，物流部门的工作分散在直营门店、流通服务部、加工厂、大兴配送中心这些部门。在实际物流工作中，公司物流管理人才少、物流信息化人才少，没有物流专业人才对物流工作进行整体管控、考核，物流工作没有统一的标准，各部门做物流工作时，沟通少，均按照各自部门利益最大化进行物流工作。建议绿富隆设立专门的物流管控部门，整合物流资源，实现产品配送与产品仓储管理的一体化，并通过信息化手段加强管控。

5.3.4　构建信息平台

在市场方面，信息不对称导致产销不能有效对接。建议绿富隆建立信息平台的原因有两点：一是为了绿富隆给买家提供优质的产品，使买家不会买到假货；二是打出品牌效应，充分发挥绿富隆特色农产品的优势。因此，充分发挥绿富隆的优势，构建信息平台，向线下 "农业奥特莱斯" 赋能，形成 "新农贸" 的模式。这种 "新农贸" 的模式是现代农服与现代农商融合发展的新模式，为成员单位提供双向创新服务。依托现代科技，为生产方提供社会化服务以及更强的农产品变现能力；搭建新型消费平台，为需求方提供交互式多元服务，构建立体多维的市场体系。"农业奥特莱斯" 由县级与市级两级构成，以市级为中心覆盖各县，实现全国网络式布局、连锁式经营。在信息平台上提供物流和安全这两大核心服务，连接绿富隆各大线上 C 端和线下渠道资源。农业物流特别是冷链物流目前在市场上存在很大的错配问题，通过信息平台提供的信息服务，可以有效解决物流空置和农产品滞销问题，有效规避食品安全事件的发生，做到全程有追溯，具体如图 5-38 所示。

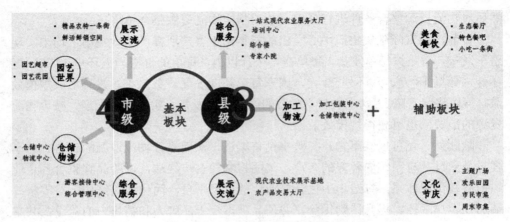

图 5-38 "农业奥特莱斯"布局

提升农产品质量安全水平，提高农产品物流效率。以大数据资源为基础的农产品"智慧物流"，是通过对整个物流过程产生的数据进行数据化、存储、挖掘、分析，最大限度地沟通协调上游农产品生产、运输、仓储、配送等环节，达到信息透明化，以提出最优的解决方案。信息平台提供的物流技术如图 5-39 所示。

图 5-39 信息平台提供的物流技术

在物流方面，农业物流特别是冷链物流目前在市场上存在很大的错配问题，可通过信息服务，有效解决物流空置和农产品滞销问题。在安全方面，有效规避食品安全事件的发生，做到全程可追溯。依托安全数据，重新构建新零售体系。基于绿富隆信息平台的农业集散中心，通过普通物流、冷链物流、观光农业、文旅康养等有机结合，形成"一二三产业"融合，形成竞争优势。以大数据及农业信息服务为基础，形成智慧交易模式，大型交易压缩成核心区，配套观光、文旅康养、粗加工区域，充分发挥区域优势。基于大数据的提前发布，形成交易信息优势，同时围绕绿富隆集散中心构建类似于延庆日上的大型批发市场，逐步形成产业广场，联动乡镇，成为交易、物流、消费、购物核心区。

由绿富隆主导的信息平台可以整合物流供需网络中的各类物流资源，完成绿富隆、农村合作社和"妫水农耕"联盟这一整个物流网络中的物流服务。在该模式下，绿富隆物流服务集成商本身不具有任何物流资源，主要通过信息集成来实现物流资源整合，构建起基于云仓管理模式的信息化平台。各信息子系统间的数据关联如图 5-40 所示。

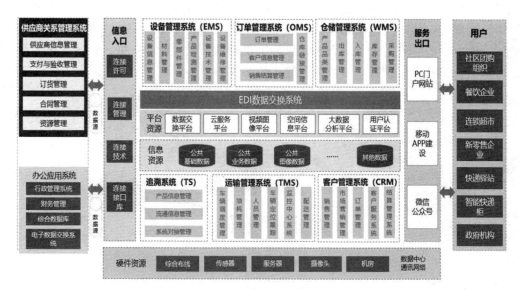

图 5-40　各信息子系统间的数据关联

网上交易中心：网上交易中心主要包括三个模块：交易洽谈、订单交易执行和定制加工。交易洽谈包括询报价功能（多轮询价）、报价/还价功能；订单交易执行功能涵盖订单下单、订单确认、产品发货、开具发票、财务结算等，交易中心支持所有用户通过网上平台来管理自己所涉及的所有订单，还可以及时监控这些订单的执行状态，本平台电子支付业务类型分为网上支付、移动支付、销售点终端交易、自动柜员机交易和其他电子支付；定制加工包括支持进行产品的深加工和配套加工，支持单独结算（单纯加工服务）和组合结算（复合订单中的一个环节），定制加工还为加工企业提供门户功能，支持用户通过网上门户平台来管理自己所涉及的所有订单，及时监控这些订单的执行状态，甚至提供企业内部管理模块，包括进货、加工、库存、销售、结算等。

物流协作服务：与订单流程集成；对物流订单的状态及配送情况进行实时监控；对物流服务商的作业流程进行全流程监管；提供物流配送企业门户及内部管理模块。

通过追溯系统，读取电子交易平台中农产品管理系统中产品检测信息中数据信息，显示检测日期、检测单位、检测人员、检测项目、检测结果等信息数据，可了解所购农产品安全信息。

纠纷处理服务：主要包括交易纠纷处理程序（申请和受理、纠纷处理）、交易纠纷处理细则（签收问题纠纷处理、质量问题纠纷处理、运费问题纠纷处理、退换货问题纠纷处理、商品描述不符纠纷处理、发货问题纠纷处理、发票和馈赠品纠纷处理、定制商品纠纷处理）。

除以上内容外，信息平台还记录和提供种植面积、冷库数据、价格数据、商超数据、自然灾害预警、气候数据等，如图5-41所示。

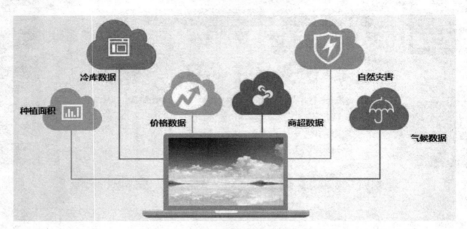

图 5-41　信息平台提供多样化数据

5.3.5　健全组织架构

1. 组织架构的问题

图 5-42 为绿富隆组织架构图，从组织架构中可以看出绿富隆没有专门的销售部和物流部。现绿富隆因为编制中人员没有剩余，所以没有构建这两个部门，这导致增加了编制中人员的工作量且造成了销售和物流的工作无人干的状况。

绿富隆因没有设立专门的物流部，从而将物流部门的相关工作分配给其他部门，导致物流部门的工作效率低或者无人干的局面。目前，公司将除门店以外的物流服务由第三方物流公司提供，但是除第三方物流公司负责的物流工作之外，还有很多物流工作需要绿富隆自己完成。比如，在货物到达集散中心后，需要分单，然后下物流订单给邮政等第三方物流公司，并且跟踪订单是否被签收；分析送货地点是否是邮政的布点范围，如不是的话，需要将订单派给顺丰或者中通；需要与销售沟通客户备注的送货时间；需要根据公司库存情况及客户位置来与供应部门沟通货物由哪个仓库配货满足等。物流部门的工作烦琐，没有物流部门的话，无形中增加了物流成本，降低了物流运作效率。

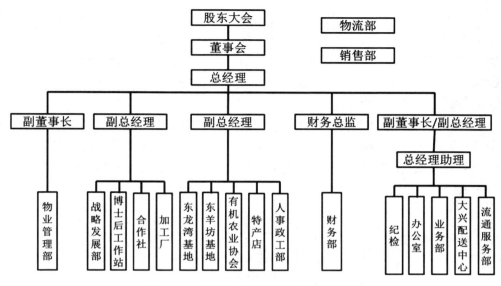

图 5-42　绿富隆有限责任公司组织架构图

2. 建议优化组织架构

绿富隆需要设计配套企业的组织架构图。分公司是有独立核算、独立报税但无独立法人资格的机构，如绿富隆的大兴配送中心相当于绿富隆的分公司，主要业务一般包括农产品的储存、配送、销售、资金核算等，业务独立，但客户信息、销售订单、成本及利润表均应交给总公司审查并留存。重组绿富隆的组织架构，可以减少矛盾与摩擦，避免不必要无休止的协调，也能有效地提高公司的效率。

绿富隆没有物流部门和销售部门，是绿富隆组织架构最主要的问题。重组绿富隆物流组织结构，设立专门的销售部门，有助于扩大服务客户的范围，使品牌更好地发挥品牌效应，增大销售量，记录完整的销售数据以供生产预测分析使用等。

目前，涉及物流部门和销售部门工作的有旗舰店、直营店、流通服务部、加工厂，各部门根据各自的利益，对自己部门涉及的物流和销售工作负责，而不顾及全公司利益，各部门之间利益有冲突时，不是以公司利益为重，所以，需要有专门的物流部门和销售部门对这两部分的工作进行管控。同时，每个部门涉及的工作种类繁多，比如，加工厂既要负责将生产基地、农村合作社等生产的农产品进行出入库、储存、加工、销售，又需要负责联系邮政物流，还需要应对国家的应急储备任务等。工作内容繁杂，职责不清。

据调研发现，中粮、正大、首农、中农富通等与绿富隆类似的全产业链型企业大多数有专门的销售和物流部门，且每月对这两个部门有相应的考核标准。比如，对于销售部门，给销售定销售量，如未完成，则从奖金中进行相应的扣除；如完成，则奖金如数发放。而物流部门则是以物流成本的同比、破损率、及时率等作为衡量标准，以此来对物流部门有所奖惩。

因此，在现有组织架构的基础上，需要加上物流部门和销售部门，并将这两个部门的职责从其他部门中调出，由专门的部门负责，由专业人才统一管理。通过合理且有效的管理为企业带来更大的经济效益。健全后的组织架构具体如图5-43 所示。

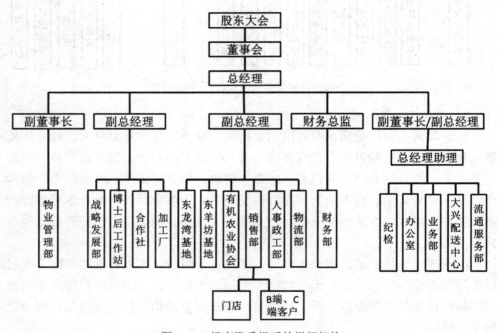

图 5-43　绿富隆重组后的组织架构

5.3.6　优化公司物流运作流程

对绿富隆的物流运作进行分析，总结绿富隆物流运作方面的不足，并提出优化物流运作方面的建议。

1. 优势分析

首先，特色农产品畅销，北京市的农产品种类多、质量佳，且富有地域特色，主要包括蔬菜、园艺花卉、果品、有机杂粮、精品养殖等。这些产品深受消费者的喜爱。目前延庆区优质农产品销售平台也在一定程度上促进了延庆农产品销量增加，销量增加促使了物流量增大。绿富隆作为"妫水农耕"联盟的主导企业，在组织物流资源整合的同时，也获得了规模效益。

其次，交通网络逐渐完善，延庆区高度重视当地交通网络的设计完善。绿富隆延庆物流中心紧靠京银路，距离京新高速较近，具有交通优势，距离延庆日上批发市场也较近。

再次，目前绿富隆延庆物流中心的物流一般交给农邮通负责，既解决了空车返程问题，也解决了车辆证件难求的问题，还解决了C端客户分散且需求量小导致的物流资源浪费问题。除此之外，绿富隆也通过积极响应国家政策，使用农邮通进行配送，得到了政府的响应补贴，降低了物流成本。绿富隆延庆物流中心距离延庆日上批发市场也较近，在车辆不够或者需要配货时，也可以从批发市场找物流车辆或者配货。

2. 劣势分析

目前，绿富隆在延庆区物流运作程度仍处于探索的初级阶段。

首先，缺乏专业物流人才。仅依靠原有经验对物流运作工作进行安排。专业物流人才的缺乏，致使公司物流运作方面的工作默守陈规，没有从新技术与新理论中吸取利于公司发展的养分，使企业物流效率低下、物流成本居高不下，也失去在同行业中的竞争力。绿富隆延庆物流中心将物流交给农邮通，在一定程度上减少了物流工作。大兴物流中心的物流工作由其自行负责，物流车辆一般用企业或者个人的，车型、车辆数量、物流服务商等的选择均需要物流专业人才来进行判断。两个集散中心需要物流专业人才来制定物流发展战略、物流标准及考核制度等，也需要专业人才对物流运作进行管控。

其次，信息化水平低。大部分信息只能通过人工记录并汇总，绿富隆信息化水平对协调农产品供需平衡产生影响，绿富隆还需加强对物流信息平台的建设。

再次，组织架构不清导致了物流运作流程中职责不清。绿富隆物流运作流程中物流与销售工作无专人监管，导致了多个部门干物流和销售工作，出现了职责不清、吃大锅饭的现象，也导致了物流运作流程复杂，工作效率低，使绿富隆销售不佳，连年处于压缩生产状态。

3. 机遇分析

北京绿富隆农业科技发展有限公司作为延庆区唯一国有涉农企业，在区委、区政府及农业农村局的指导下，明确以特色、优质、安全为产品定位，以质量监管、品牌推介、加强营销等为切入点，于2016年创立了"互联网+妫水农耕联盟"营销流通体系。而且，绿富隆目前要在延庆物流中心建设类似于日上批发市场的大型批发市场。这些都为绿富隆带来了机遇，为绿富隆增加了物流量，降低物流成本，也为绿富隆带来了商机。对物流产业加大政策扶持力度是确保经济发展必不可少的。

4. 优化物流运作流程

绿富隆物流运作流程主要包括生产、销售、物流和财务方面的工作。绿富隆生产方面的工作包括生产计划、产能安排、生产调度、生产配送、出入库和运输等，具体由绿富隆延庆生产基地、外埠生产基地、农村合作社、延庆物流中心、大兴配送中心等负责。销售方面的工作包括直营门店销售、首农超市摊位销售、B 端客户销售及电子商务端销售等，具体由对应负责人负责，如图 5-44 所示。物流方面的工作包括集散中心物流工作、直营门店运输与仓储工作，具体由集散中心或直营门店负责。财务方面的工作包括出入库核算、资金管理、销售产品核算及结算、成本核算、财务预算及调整、物流费用结算等。

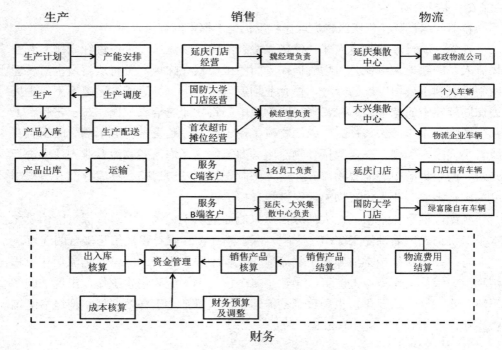

图 5-44 绿富隆现有物流运作流程

可以从绿富隆现有的物流运作流程中看出，由于没有专门的物流部门和销售部门，物流和销售的相关工作无专业人才进行管理，各部门负责各自的销售与物流工作，没有统一的工作标准，各部门各自为政，以部门利益为重，而不是以公司利益为重。而且，绿富隆由于没有专门的销售和物流部门，因而没有专业人才对相关工作进行规划，导致绿富隆没有打出品牌效应。在绿富隆延庆物流中心建成类似于日上的批发市场后，商户、"妫水农耕"联盟会对绿富隆现有的物流运作流程提出更高的要求，需要绿富隆为商户提供更好的服务。

在增加销售部后，销售部门的主要职责是下销售计划给生产部门，对直营门店、摊位、B 端及电子商务端的客户进行订单处理，与 B 端客户签订供货合同，对绿富隆的客户进行管理、维护和开发等工作。在增加物流部门后，物流部门根据系统内销售部门录入的销售订单信息下物流订单，并根据销售部门需求提供货物预计到达时间和货物延时送货的原因，根据销售订单的地址及数量进行配单。从而保障销售和物流方面的工作有专人负责，并且是以公司的利益为重，避免了部门间相互竞争给公司带来的内耗。绿富隆再造物流运作流程如图 5-45 所示。

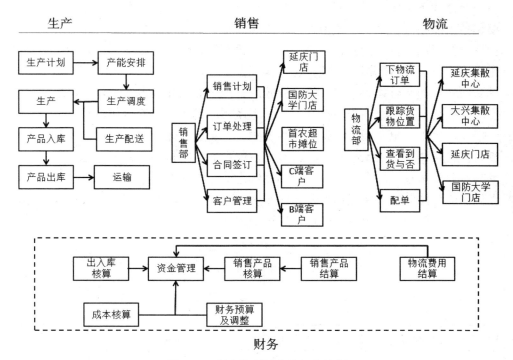

图 5-45 绿富隆再造物流运作流程

绿富隆物流方面的运作流程具体包括运输运作流程、仓储运作流程、配送运作流程。

基于绿富隆近期会有购置货车、自营一部分物流的计划，本部分对运输业务流程进行了优化。运输业务运作流程主要包括客户下单、车辆测算、车辆调度、货物装载、货物交接、配送、到货签收和签单返回。建议绿富隆在货物装载环节中实现叉车装卸货物，减少人工成本，提高物流运行效率。在运输业务流程中可以使用物流系统来记录订单并对车辆进行测算和管控等。优化后运输业务运作流程如图 5-46 所示。

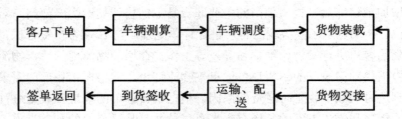

图 5-46　优化后运输业务运作流程

仓储业务运作流程主要包括入库运作流程和出库运作流程。入库运作流程主要包括入库指令、仓管员预留库位、入库通知、送货车辆排队、打印收货单、卸货、分类码放、货物检验、分类入库、查找预留库位、叉车或人工入库、货物放在指定库位、异常反馈及处理。通过实际调研发现，大兴物流中心存在送货车辆排队问题，浪费时间。未来，绿富隆延庆物流中心在建成批发市场后，送货车辆排队问题会更加严重，需要在入库流程中做相应优化。出库运作流程主要包括出库指令、接单员出库指令确认、出库通知、仓管员打印出库单、按出库单信息拣货、核对货物、手工系统对账、消减相应库存、货物检验。在出库运作流程中，影响作业效率较大的是拣货、手工记账等。仓储业务入库运作流程如图 5-47 所示，优化后的仓储业务入库运作流程如图 5-48 所示。仓储业务出库运作流程如图 5-49 所示，优化后的仓储业务出库运作流程如图 5-50 所示。

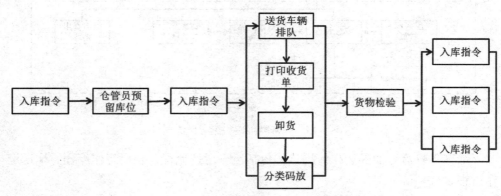

图 5-47　仓储业务入库运作流程

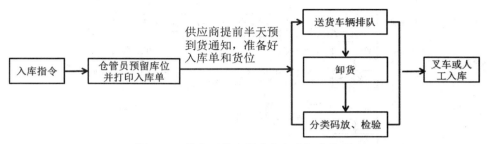

图 5-48　优化后的仓储业务入库运作流程

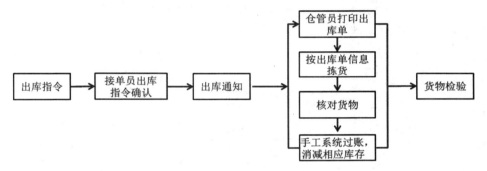

图 5-49　仓储业务出库运作流程

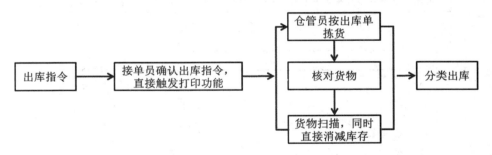

图 5-50　优化后的仓储业务出库运作流程

目前，针对绿富隆不同时期，设计了两种配送业务流程。建议绿富隆在配送业务开始的初期，因自营配送业务量小，可以采用配送业务流程 1；在配送业务成熟，同时自营业务量趋于稳定且达到一定规模时，采用配送业务流程 2。配送业务运作流程 1 包括配送前、配送中和配送后三部分。配送运作流程 1 如图 5-51所示，配送运作流程 2 如图 5-52 所示。

按照重组后的组织结构对各个环节进行分解分置，并对部分流程进行整合，物流属性的环节全部划归至物流中心。绿富隆销售的农产品流通流程图如图 5-53所示。

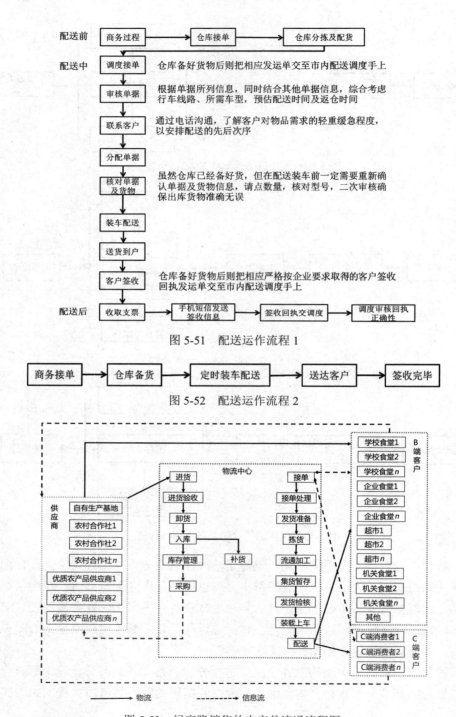

图 5-51　配送运作流程 1

图 5-52　配送运作流程 2

图 5-53　绿富隆销售的农产品流通流程图

5.3.7 实现带板运输

从整个供应链角度来看，带板运输也可有效缓解目前国内物流成本占比过高的问题。

劳动力和土地成本的持续上升使得带板运输的优势愈发明显，企业力求在节约物流成本上寻求改变，于是开始愿意尝试带板运输。尝到了带板运输的甜头，这些企业就会开始积极推动自己与上下游企业之间的带板运输，于是就有了这样一种从无到有，并逐步扩展的现象。

目前，托盘租赁渐渐取代自购模式并获得普遍认可。据调研发现，绿富隆生产基地有托盘及地牛等物流设施，平常会少量使用托盘进行搬运。延庆物流中心和大兴物流中心由于农产品基本是散装或者是袋装，不易于实现带板运输，因此平常很少用托盘进行搬运装卸。为提高效率，降低人工成本、装卸搬运成本、时间成本等，建议绿富隆采用可重复利用型的周转箱或者可回收型纸箱来盛放农产品，或是托盘笼车来盛放成袋或者散状的农产品，从而实现带板运输。未来，在绿富隆扩大体量后，可在加工生产线上安装机械手臂，从而实现自动装箱、码箱等，既降低人工成本，又提高效率。农产品带板运输如图 5-54 所示，可重复利用的周转箱如图 5-55 所示。

图 5-54　农产品带板运输

图 5-55　可重复利用的周转箱

第 6 章　农产品营销分析

6.1　典型案例分析

6.1.1　国外优秀电商案例分析

生鲜农产品电商从诞生之日起一直在尝试创新，从模式的创新到供应链的构建，每一个点都存在着或多或少的风险和不可控的因素。最近各大生鲜电商的动作也是不断，当把目光聚焦到国外，不难发现 FreshDirect、LocalHarvest 等新型农产品模式值得中国生鲜电商行业学习和借鉴。本节盘点一下国外生鲜农产品模式与供应链创新的典型案例——美国生鲜直达（FreshDirect）公司：O2O 模式服务行家。

生鲜直达（FreshDirect）成立于 2002 年，是一家纽约在线食品杂货商，为纽约市及周边地区提供生鲜在线订购服务。FreshDirect（生鲜直达）属于典型的稳健型企业，2002 年成立后以纽约曼哈顿为中心慢慢向外扩展，直到 2010 年才向旁边的新泽西部分地区拓展业务。

FreshDirect 的创始人兼 CEO 杰森·阿克曼（Jason Ackerman）表示："很多人认为生鲜电商仅仅是一项快递业务，但其实最根本的是食物本身，我们所做的是结合零售和网络技术，还原食物的本质，将新鲜带给更多的人。"

在食品加工和保鲜方面，FreshDirect（生鲜直达）在长岛建立了近 3 万平方米的仓库，设有 12 个不同温度的保鲜区，其加工厂拥有多种设备，可以满足不同消费者的个性定制，例如肉片或鱼类的厚度、烘焙过的咖啡豆的碾制类型等。在源头产品采购方面，FreshDirect 和纽约周围的大农场合作，将运输车辆直接开进农场，实现农产品的直采直送，确保食物的新鲜度，也省去了繁复的中间过程，从而降低了食物价格。不仅如此，FreshDirect 的运输费用合理，也拒绝任何小费，同时，还建立了网上评分系统，让顾客可以对食物的新鲜度进行点评打分，增加透明度，也更好地培养了顾客的信任度。

通过 FreshDirect，消费者可以买到常见的蔬菜、水果、肉类、海鲜、芝士、咖啡、酒水和杂货，并且还有本地、有机等多样化选择。相较于其他生鲜电商，

FreshDirect 的成功不仅在于其稳健的发展策略，更因为其主张以低于食品店和超市的价格为顾客提供优质的食品，而其专业化的食品加工和保鲜技术以及对源头产品的采购也是其低成本运作的保证。

FreshDirect 之前，美国曾有一个失败的案例网站名为 Webvan，失败的原因其实很简单，模式没有成型就盲目扩张，最终失败。

FreshDirect 吸取了 Webvan 失败的经验和教训，在进入其他地区市场前，耐心地建立了一个可以重复的销售和市场开发模式。此外，其业务拓展具有地区性，围绕长岛配送中心展开，没有长驱直入地进入旧金山地区并开展业务，而选择围绕纽约核心市场，慢慢向外扩展业务区域。

供应链模式如图 6-1 所示。

图 6-1　FreshDirect 供应链模式

6.1.2　国内企业典型案例

国内企业典型案例的分析包括国内典型的营销案例以及成功的互联网环境下的 O2O 电商模式的分析，针对不同案例分别从不同的角度进行分析，最后对这些案例分析的结果做总结。

1. 盒马鲜生——线上线下相结合

（1）简介。盒马鲜生是阿里巴巴集团重构的线下超市新零售业态。呈现在顾客眼前的盒马是超市，是餐饮店，也是菜市场。盒马鲜生主要以生鲜为特色，线下重体验，线上做交易。盒马鲜生多开在居民聚集区，下单购物需要下载盒马 APP，只支持支付宝付款，不接受现金、银行卡等任何其他支付方式。消费者可到店购买，也可以在盒马 APP 下单后获得送货上门服务。盒马鲜生有三种关键业务：门店配送——线上依托其实体店，提供五公里以内、半小时送达的快速物流配送服务；超市零售——线下开设门店，以场景定位的方式销售来自 103 个国家，超过 3000 种的商品；体验式餐饮——餐饮跟超市融合而成的加工中心，提供半成品和成品服务。

（2）经营模式。盒马采用"线上外卖+线下门店"的经营模式，门店承载的功能较传统零售门店进一步增加，集"生鲜超市+餐饮体验+线上业务仓储配送"功能为一体，如图 6-2 所示。

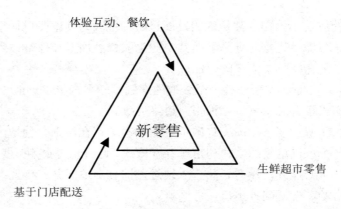

图 6-2　盒马鲜生经营模式

（3）商业模式。

1）目标人群。目标人群是有一定经济实力，拥有家庭的中、青年互联网用户。因为晚上大部分时间在家的家庭用户、以便利店或轻餐为主要饮食的办公室一族、周末会带孩子去超市走走的消费者，这些人往往都具有一定经济实力，对产品的新鲜度和品质是第一要求。这也是盒马服务的主要三类人群。

2）价值主张。

新鲜每一刻——消费者买到的和吃到的，都是新鲜的。把所有商品做成小包装，今天买的今天吃，一顿刚好。

所想即所得——满足消费者随时随地不同场景的需求；线上线下高度融合，提供全天候的便捷服务。

一站式购物——围绕吃的场景提供恰当的产品，同时利用互联网技术扩大线上品类。

让吃变得快乐——不断推出 80 后、90 后消费者乐于参与的活动，在整个店内设置了大量的分享、DIY、交流活动，让吃变成娱乐，使消费者产生黏性。

盒马鲜生的核心主张就是新鲜，一切都是为了将新鲜的食材尽快送到消费者面前。希望能最大限度地满足顾客心中所想，用"逛、买、吃、玩、提"这样一站式的流畅购物体验让他们从"吃"中获得快乐。

3）渠道。盒马鲜生目前采用的是全渠道模式，线上、线下双管齐下，在供应商处提货后直接售卖给顾客，为客户提供流畅的购物体验。同时盒马鲜生的"全自动物流模式"也为其带来高效率。它在门店后台设置了 300 多平方米的合流区，前后台采取自动化传输系统，从前端门店到后端仓库装箱，都由物流带传送，在门店中消费者可以看到头顶上方的传送带有包裹在飞来飞去。盒马鲜生在渠道方面最强大的优势是其精良算法控制下的配送体系。其派送速度比同行业效率有了革命性的提高，向顾客承诺下单后 30 分钟内送达，且只要在门店三公里范围内则免费配送。除此之外，盒马对供应商将大量商品进入超市的进场费反馈给消费者，提高其性价比，提供更好的客户体验。盒马鲜生新零售云仓模式如图 6-3 所示。

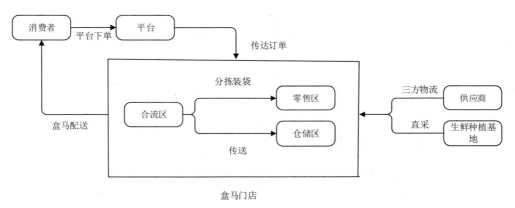

图 6-3　盒马鲜生新零售云仓模式

2. 百果园

（1）简介。百果园是一家集水果源头采购、采后保鲜、物流仓储、品质分级、营销拓展、品牌运营、门店零售、信息科技、金融资本、科研教育于一体的大型连锁企业。

（2）一米鲜+百果园。从校园市场起家，一米鲜以"以销定采"的理念，以及铺设地区前置仓或与当地大型水果连锁店深度合作，构建了自身独特的"O2O+C2B"的运营模式。消费者下单后，由平台统计订单量，让各渠道供应商将相应水果送至大中心仓或在水果产地进行直采。在大中心仓中进行货物抽检，根据订单分装成标准化产品然后分拨到区域前置仓/自提点/门店，再由店员/第三方物流配送至消费者手中。

这种模式在拥有足够的订单量的情况下，可以有效减少库存及流通环节，货物在仓时间平均不超过 12 小时。2016 年 12 月 11 日，百果园与一米鲜宣布合并。合并后一米鲜获得了百果园的 30 多个城市的线下店面布局支持，加强了业务覆盖范围及末端配送能力。一米鲜+百果园云仓模式如图 6-4 所示。

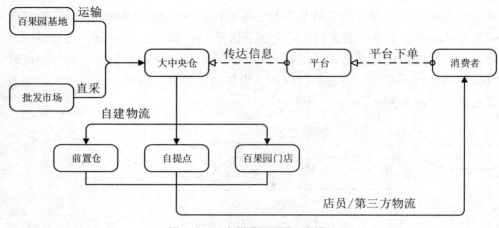

图 6-4　一米鲜+百果园云仓模式

6.1.3　国内优秀电商案例分析

1. 前置仓电商模式社区生鲜——叮咚买菜

（1）公司概况。2014 年 3 月叮咚小区 APP 上线，探索社区 O2O 业态，在接下来几年里公司探索各种社区生活服务，最终定位家庭买菜业务，更名为"叮咚买菜"，以生鲜为切入，围绕一日三餐的生活场景，聚焦 25～45 岁的年轻群体，成功转型。截至 2019 年 1 月初，据《商业观察家》数据显示，公司在上海已有 200 余个前置仓，覆盖崇明以外上海全部区县，日单量约 15 万单，月销售额超 1 亿元。

（2）商业模式。叮咚买菜以"品质确定、时间确定、品类确定"为核心指导原则，利用前置仓为消费者提供便捷、新鲜的生鲜到家服务。

1）采购：以成批采购、品牌供应商直供为主，相较源头采购，模式更轻、配送路径更短，有效控制冷链配送成本，价格相对稳定，补货更容易。

2）配送：采用前置仓模式，配送到家。将前置仓建在社区周边一公里内，商品先由中心仓统一加工后运至前置仓，消费者下单后由自建物流团队 29 分钟内配送到家，且当单仓的日订单超过 1500 单时则裂变成两个仓，保证高效配送，"0 配送费+0 起送"更好满足即时消费需求。

3）品控：从采购到配送，全链路重视产品品控，有效保障品质。

4）营销：利用"妈妈帮"、社团+分享模式及地推，实现社区内用户快速传播，营销模式轻，效果更好。同时，上线"今日菜单"，为消费者提供菜谱和一键购买渠道，鼓励消费者做饭并刺激消费，提升用户黏性和复购率。

5）数据：采购前精准预测用户订单情况，并根据结果进行采购；通过用户画像及智能推荐精准向目标用户推荐相关产品，并利用自建物流体系智能调度和规划最优配送路径，以最快速度将产品送达用户手中，实现低滞销和低损耗。2017年 9 月公司每日滞销损耗平均低于 3%、物流损耗平均 0.3%，目前滞销率和物流损耗率或更低。

（3）盈利模型。前置仓面积约 300 平方米，假设：平均租金水平 3 元/平方米；客单价 50 元；毛利率 30%；单仓 20 个配送员、10 个分拣员。测算在日均 800单/1000 单/1250 单的情况下，税后月收入各 103/128/160 万元，年绩效各4.2/5.2/6.5 万元/平方米，人工成本各 24.5、26.6、29.2 万元/月，年度亏损额分别为 98 万元/55 万元/0.2 万元，亏损率各 7.9%/3.6%/0.1%。即：当前置仓日均订单达 1250 单时，基本可实现盈亏平衡。公司盈利的机会来自：订单、客单价和日销提升，净毛利率提升，流量成本、各项费用率尤其是人工费用的下降（收配送费）等。

因行业竞争加剧，叮咚的挑战与机遇：叮咚买菜在上海已有 200 余个仓，美团和盒马的到家业态处于起步阶段，叮咚先发优势明显；同时，叮咚买菜覆盖周围一公里，较盒马的三公里生活圈离消费者更近，效率更高；但在商品供应链、门店/仓运营、技术、物流能力及资金等方面，社区生鲜"到家+到店"模式的日日鲜菜场（盒马鲜生旗下）优势更强，且社区店加密布局后，将大大提升到店便利性和体验感，并与盒马鲜生现有大店形成有效互补，满足到家及到店全渠道需求。

对叮咚而言，以消费者体验为导向追求区域加密和高成长是现实选择，短期亏损无法避免，持续取得用户认可和资本支持至关重要。才能以时间换空间，达到区域流量密度加大、运营能力提升、供应链强化和盈利性增长的理想状态。

2. 生鲜社区团购

社区拼团起源于 2016 年，利用供应链优势，向社区提供在线拼团、送货到社区自提点的服务。

2018 年 8 月以来，社区团购成为最热的创业与投资领域，据不完全统计，2019年上半年已有超过十家社区团购公司拿到了投资机构几千万至几亿元不等的巨额融资，这其中也有数家生鲜社区团购公司。

通过以上的案例分析，我们可以看到各种销售模式的供应链物流配送体系都采用了利用云计算大数据平台支持的集中统一管理的云仓模式。

6.1.4 国内生鲜农产品电子商务模式分析

1. 生鲜农产品共享前置仓模式

共享前置仓模式的出发点是以空间换时间，是从 C 端客户出发，通过聚合 C 端客户需求，力争实现质量保证、效率提高和成本降低等多个目标。前置仓模式主要包括超市前置仓、门店前置仓、快递前置仓以及一体化加工前置仓等具体形态。超市前置仓主要是发挥大型超市的区域辐射优势，借助其在冷藏、加工、包装、配送等方面的整体能力，满足周边客户的电商需求。快递前置仓则是改造区域配送中心的部分区域，满足生鲜农产品的储存需要，实现对平台或自营生鲜农产品的管理，发挥其到配送末端距离短的优势。门店前置仓则是通过布放恒温存储冷柜、发展线下恒温存储代理门店、自建前置一体化门店等方式实现前置仓功能。一体化加工前置仓则主要是面向大中型城市，通过改造传统批发市场或新建经营实体的方式，建立集存储、加工、配送于一体的生鲜电商前置仓，达到集约化、专业化运营的目标，这将是未来在生鲜电商领域重要的参与方式。

前置仓模式的优势：一是在空间上，大大缩短了生鲜农产品与消费者之间的直线距离；二是在时间上，有效缩短了商品到达消费者的时间；三是在成本上，商品到达前置仓的物流可以采用大宗运输方式，大大减少了直接电商的损耗以及快递运输的成本；四是效率上，前置仓运营商具有较强的动态库存管理能力，根据大数据主动预测消费者的需求趋势，进行前置仓库存动态配置。

2. 生鲜农产品 C2B 预售模式

生鲜农产品 C2B 预售模式，就是商家基于对产量和品质的预测，在生鲜农产品的采摘或捕捞之前相当长的时间内，通过提前预售的模式将消费者的订单进行集中，生产者根据订单要求在农产品达到采摘条件后才开始采摘并集中安排发货。预售模式的出发点是以时间换空间，融入定制化生产的思想，结合众筹、团购等销售新模式，实现生鲜电商由"推送式"向"拉动式"转变。"推送式"电商主要是农产品成熟后直接推向市场，造成了生产者的盲目生产和被动，是农产品电商经营困难的主要原因。"拉动式"预售模式改变了传统信息流的流向、缩短了物流周期、加速了资金流的流速，将生鲜农产品的预售与大数据预测结合起来，按照项目周期的不同可分为年度预售一次配送、会员制定期配送等具体模式。图 6-5 描述了生鲜农产品电商的 C2B 预售模式的物流和信息流。

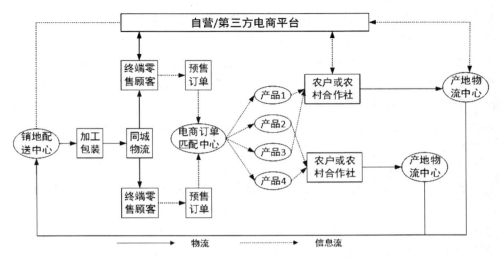

图 6-5　云仓模式生鲜农产品电商的 C2B 预售模式的物流和信息流

C2B 预售模式的优势：一是实现了生产和消费的提前匹配，实现了生产和销售的直接连接；二是减少了从生产到消费者的环节，大幅减少了中间换手带来的损耗，降低了库存风险；三是有效提高商品的品质保证，达到了商家和消费者的双赢。C2B 预售模式将会成为生鲜电商重要的模式。

3．支持生鲜农产品电商新零售的云仓模式

新零售方面需要通过发挥本地化经营优势提高产品复购率，突出新技术的运用，新零售模式突出利用大数据、移动互联、云计算等三大核心技术，云仓模式实现信息流与物流的一体化集中处理。

6.2　基于云仓模式的农产品营销策略

6.2.1　打造大单品，塑造品牌

品牌建设第一要以质量打造品牌，按照产品质量标准，在生产中严格按照标准进行生产，保证每个环节不出问题。第二以产品创立品牌，对于那些市场竞争力比较强、大众较为认可的产品进行商标注册来创建品牌。褚时健的"褚橙"大单品带动了他公司下面所有品种橙子的销售，所以说大单品的打造对企业来说也是打响品牌的一种方式。

大单品是品牌标杆性产品，单品销量大，不仅是企业内部的旗舰型产品，成为其品牌的代言，更是该企业的标志与象征。企业品牌是能让目标消费者实实在在体验到的产品，而大单品的成功使得消费者对品牌的认知产生最直接的感知，进而是企业品牌成为行业的代言，如：果冻就是"喜之郎"，火锅就吃"海底捞"，橙子就属"褚橙"好，这些案例就是最好的诠释。第三是大单品的成功能极大提高企业经营效益，实现量利兼得。大规模的生产大单品能带来产品成本下降，生产质量可控，供应链效率提高，售后服务优化等一系列优势。同时也使得企业营销的策略和投入更为精准。第四是大单品的成功能给企业带来领导者的优势，更能拓展整个农产品行业的发展空间。

如何寻机大单品？首先从消费需求分析开始，第一是对目标消费人群进行细分。第二是厘清功能用途，找到主要的消费场景。将产品功能、用途与某个特定消费时刻联系在一起，如旺旺礼包与过年送礼等。对农产品而言，可以与餐饮或家庭的某个时刻联系在一起。第三是突出地域特色，顺势推向全国。将特色农产品有效推广至全国，创造大单品的发展机会。第四是挖掘传统文化，形成日常消费。农产品本身就是日常消费品，通过对口感和包装的升级，顺应新时代消费者的健康需求与生活节奏，成为消费者首选。

6.2.2　产品包装展示亮点

通过包装来创建品牌，通过设计包装，对农产品外观进行美化。此外，应通过媒体、网络、广告等媒介加大对品牌的宣传，以其树立良好的品牌形象。

农产品包装一方面要清新自然，一方面还要突出亮点，差异化竞争。将每个产品的包装上都印上产品的追溯码，比如"扫一扫追溯冬枣品质""扫码查看冬枣种植信息，安全看得见""可追溯的大荔冬枣"等字样。只要印有追溯码，就务必保证追溯码是可以扫出来真实的产品信息。追溯码可以不用传统的黑白码，而采用彩色码，更加吸引客户去扫码。农产品包装一定要符合目标群体的喜好品味。也可利用当下流行的网络用语，不仅能在市场上引人注意，好的包装能带给消费者更多的附加价值，给消费者带来新奇的体验。比如：褚橙的包装就能让年轻人接受，逢年过节走亲访友送礼物都是很体面的礼物。还有一点，在设计产品包装时，包装尺寸尽量跟托盘相匹配，有利于产品的搬运。

6.2.3　新零售策略

随着"新零售"业态的出现，传统的实体产业模式已经慢慢褪去。在这大浪淘沙的年代里，为了不被淘汰掉，必须要进行改革。既然是"新"零售，那么，我们需要定位其"新"之所在。因为在消费升级转型的新背景之下，"人"成为了新零售时代的核心要素，只有以消费者为中心，以人为本，满足他们所需要的个性化需求，为他们提供优质的服务和产品才有出路。人货场的进化见表 6-1。

表 6-1　人货场的进化

三大阶段	主要特征	关键因素	权力中心
货场人	物质匮乏	产品	生产者
场货人	供过于求	渠道	消费者
人货场	极大丰富	用户	消费者

我们可以从表格中看出来，人货场的进化最终还是以消费者为权力中心的。

线上线下的互补是大于竞争的。所以我们要全方位整合所有渠道，做到力往一处使，并且作为商家，我们所做的应该是为消费者提供一个符合他们需求的渠道，尽力使消费者感到商品的价值性、便利性以及营销策略的独特性。

线下优质的产品为线上的营销工作做好支持。对于企业，绿色农产品的生产基地与销售中心是完全独立的。在自己产品外观的设计上，也尽量简单且具有个性，这样容易使消费者记住，增加消费者对于企业品牌的认可度。

紧密结合"互联网+"，促进线上线下融合。最大限度地用好线上线下资源，借船出海，尽量避免新建、重建，造成资源浪费。线上方面，充分利用天猫、京东、邮乐网等电商平台的强大流量，建立地区电商联盟等新兴模式；线下方面，主要加强与市区现有实体店合作与供货，试点农产品线下体验服务，实现实线上线下的有效沟通，正常高效运行 O2O 模式。

1. 通过社交平台进行促销

现在很流行的一种营销方式，通过社交平台来推广售卖产品，常见的有微博、微信、QQ、抖音和快手等。举个例子：在微信朋友圈发布自家生产的农产品，包括品种、种植、价格等信息，配上产品的实物图，让朋友圈的好友能第一时间接收到讯息。要做好"农产品+微商"，需要注意以下几点。

品牌打造：要打造一个人格化的品牌，通过品牌来赋予产品更高的价值。

供应链打造：配送与物流、冷链，减少不必要的成本。

展示真实的自己：微信朋友圈卖的不是产品是人，展示的产品和信息需要有温度、有人性。

利用裂变营销：裂变营销以传统的终端促销的加强为基础，整合了关系营销、数据库营销和会务营销等新型营销方式的方法和理念。裂变模式是指终端市场的裂变。生活中常见的裂变模式有：通过微信转发至 N 个好友，让好友为其助力，达到一定数量可以免费获得某产品或者其他的福利，助力过的好友也可通过同样的方式进行转发获取福利。就这样一传十、十传百，逐渐扩大市场范围。

2. "农产品+网红直播+电商平台"营销模式

随着互联网的普及，网络直播营销以其生动直观且具互动性的特点闯入人们的视野。网络直播营销成本相对较低、影响范围较大，是一种极具吸引力的营销手段，为农产品的全方位展示及销售渠道扩展提供了机遇。网络直播营销是以网络平台为载体，主播通过肢体和语言同直播间的观众互动进行信息传递促成交易的新形式。当前的直播营销软件有很多，如淘宝、快手、蘑菇街等，只要下载直播软件，向平台提交相关信息，通过审核，即可入驻平台。数据显示，2017 年中国移动直播行业市场规模突破百亿元大关，达到 119.5 亿元，随着行业技术的逐步完善以及盈利手段的多元化，2018 年直播行业市场规模达到 363.3 亿元。

电商直播具有门槛低、真实感强、缩减消费者与商品之间距离、提高购买体验度等特点，能够快速培养大量的观众（消费者或潜在消费者）。2019 年 10 月 19 日在济南举行的"2019 全国农商互联暨精准扶贫产销对接大会"上，数十家店铺的"网红"通过各种设备，在网上推销农产品，将来自贫困地区的优质农产品推向更广阔的市场。在山东省农商互联电商直播展区，主播将食品、水果、花卉、服饰等农产品一一介绍给网友，并现场品尝、点评。有的主播邀请产品销售代表"站台"，现场介绍产品的各种特性。

通过网红直播+电商平台进行农产品营销，主要分为以下三个步骤。

第一，策划营销活动。活动策划方案定下之后，根据活动的具体内容去邀约合适的主播（比如直播农产品的种植、采摘等过程）。

第二，普及知识点。用户最想了解的还是关于这个产品的相关知识，比如种植的季节、产品的种类、特点等；在此过程中，多与用户进行互动，增强用户的黏性。

第三，搭建好电商平台。淘宝、拼多多、京东等，只要合适的平台都可以选择。

6.2.4 建立云仓模式实现共同配送

通过对生鲜农产品的物流共同配送，利用云计算大数据平台支持的集中统一管理的云仓模式，且建立虚拟仓储中心或物流信息中心，可提高运作效率，降低配送成本与门店仓储成本，从而使农产品以低价进入果蔬超市，提高果蔬超市的综合竞争力，同时该模式实现了从农产品产出到最终消费者选购的整合，满足了城市居民对高品质消费农产品的日常需求，云仓模式是提高物流效率的较好方式。

结束语

我国是一个农业大国。随着农业现代化的发展，农产品的生产规模也在逐步扩大，向集约化、产业化发展。随之而来的农产品的销售体系也在逐年发生着变化。互联网技术的逐步应用，物联网技术的开展，以及人工智能的应用，对农产品的销售会产生很大的促进作用。利用这些新技术可以解决产品销售的物流问题、信息不对称问题、食品溯源安全问题，最主要是利用这些新技术解决了城市的农产品的流通和消费问题。广泛应用新技术的农产品云仓物流模式也是提高生鲜农产品物流供应链时效的有效途径之一。

参考文献

[1]   王晓华. 浅析北京市农产品物流系统的运营与发展[J]. 北京市经济管理干部学院学报，2014，29（3）：20-24.

[2]   王晓华. 新发地市场全面提档升级进行时[J]. 北京市经济管理干部学院学报，2014.

[3]   张哲晰，杨鑫，穆月英. 五省市蔬菜生产及跨区域供给分析——基于北京市视角[J]. 中国食物与营养，2018，24（1）：5.

[4]   温春娟. 基于疏解非首都核心功能视角的农产品批发市场分析[J]. 商业经济研究，2015（27）：2.

[5]   邵蓝洁. 农超对接十年 标准化依然待解[J]. 北京商报，2017.

[6]   梁鹏，黄晴晴，何燕玲. 北京市农超对接模式流通效率评价分析[J]. 商业经济研究，2018.

[7]   赵岸英. "生鲜"经营如何搞？请看家乐福[J]. 中国商贸，2001（6）：2.

[8]   林振强. 物流包装循环共用新发展[J]. 物流技术与应用，2019（11）：3.

[9]   北京农产品中央批发市场简介．https://wenku.baidu.com/view/54bdf80a76c66137ee061956.html.

[10] 温卫娟，邬跃. 北京市物流现状、特点分析及问题挖掘[J]. 物流技术，2015，34（13）：3.

[11] 王春娟. 农产品市场转型升级研究——以北京八里桥农产品市场为例[J]. 中国市场，2014（50）：71-74..

[12] 温卫娟，邬跃. 我国城市配送形势分析及发展策略[J]. 中国流通经济，2014，28（9）：6.

[13] 冷志杰，崔海彬，季学文. 农产品物流园的增值服务问题与对策[J]. 中国储运，2014（2）：3.

[14] 张丹. 我国农产品流通体系的现状与对策研究[J]. 现代经济（现代物业中旬刊），2009，8（2）：60-61.

[15] 许海晏，张军. 北京农产品批发市场疏解升级问题研究[J]. 商业经济研究，2016（13）：3.